L'eau coule à Aguad

Un conte économique

Collection « L'esprit économique »

fondée par Sophie Boutillier et Dimitri Uzunidis en 1996
dirigée par Sophie Boutillier, Blandine Laperche, Dimitri Uzunidis

Si l'apparence des choses se confondait avec leur réalité, toute réflexion, toute Science, toute recherche serait superflue. La collection « L'esprit économique » soulève le débat, textes et images à l'appui, sur la face cachée économique des faits sociaux : rapports de pouvoir, de production et d'échange, innovations organisationnelles, technologiques et financières, espaces globaux et microéconomiques de valorisation et de profit, pensées critiques et novatrices sur le monde en mouvement...
Ces ouvrages s'adressent aux étudiants, aux enseignants, aux chercheurs en sciences économiques, politiques, sociales, juridiques et de gestion, ainsi qu'aux experts d'entreprise et d'administration des institutions.

La collection est divisée en six séries :

Dans la série *Economie et Innovation* sont publiés des ouvrages d'économie industrielle, financière et du travail et de sociologie économique qui mettent l'accent sur les transformations économiques et sociales suite à l'introduction de nouvelles techniques et méthodes de production. L'innovation se confond avec la nouveauté marchande et touche le cœur même des rapports sociaux et de leurs représentations institutionnelles.

La série *Economie formelle* a pour objectif de promouvoir l'analyse des faits économiques contemporains en s'appuyant sur les approches critiques de l'économie telle qu'elle est enseignée et normalisée mondialement. Elle comprend des livres qui s'interrogent sur les choix des acteurs économiques dans une perspective macroéconomique, historique et prospective.

Dans la série *Le Monde en Question* sont publiés des ouvrages d'économie politique traitant des problèmes internationaux. Les économies nationales, le développement, les espaces élargis, ainsi que l'étude des ressorts fondamentaux de l'économie mondiale sont les sujets de prédilection dans le choix des publications.

La série *Krisis* a été créée pour faciliter la lecture historique des problèmes économiques et sociaux d'aujourd'hui liés aux métamorphoses de l'organisation industrielle et du travail. Elle comprend la réédition d'ouvrages anciens, de compilations de textes autour des mêmes questions et des ouvrages d'histoire de la pensée et des faits économiques.

La série *Clichés* a été créée pour fixer les impressions du monde économique. Les ouvrages contiennent photos et texte pour faire ressortir les caractéristiques d'une situation donnée. Le premier thème directeur est : mémoire et actualité du travail et de l'industrie ; le second : histoire et impacts économiques et sociaux des innovations.

La série *Cours Principaux* comprend des ouvrages simples, fondamentaux et/ou spécialisés qui s'adressent aux étudiants en licence et en master en économie, sociologie, droit, et gestion. Son principe de base est l'application du vieil adage chinois : « le plus long voyage commence par le premier pas ».

Jean-Louis Villoutreix

L'eau coule à Aguad

Un conte économique

L'Harmattan

5-7, rue de l'École-Polytechnique, 75005 Paris

http://www.editions-harmattan.fr

ISBN : 978-2-336-45657-7
EAN : 9782336456577

« Pour voir loin,
il faut y regarder de près »

Pierre Dac (1893-1975)

C’est à Aguad……

… au Sahara, là où sur des centaines de kilomètres il n’y a que des dunes, là où l’on butte fréquemment sur des roses des sables et, moins fréquemment heureusement, sur des scorpions, que se situe notre histoire.

Entre les régions tempérées et le désert s’étend une large zone de steppes. Des arbustes rabougris et un peu d’herbe poussent autour de petits points d’eau naturels, de quoi nourrir et abreuver de petits troupeaux de moutons et de chèvres ainsi que quelques dromadaires. Depuis toujours, des pasteurs semi-nomades vont donc de l’un à l’autre à la limite du désert.

Pourtant, il y a très longtemps, l’un d’entre eux, Souf, plus entreprenant, s’enhardit nettement plus au sud dans les dunes de sable fin qui s’étendent presqu’à l’infini. Il arrive jusqu’au site d’Aguad où il s’arrête car il a trouvé des traces d’humidité. Il se dit qu’en creusant il pourra sans doute trouver de l’eau, de quoi étancher la soif des humains et des animaux. Peut-être pourra-t-il aussi faire pousser quelques végétaux.

Pour accéder de façon aisée et régulière à cette eau du sous-sol, il ne faudrait pas que le sable vienne reboucher le trou. Pour cela, il faut donc construire un puits, ce qui ne paraît pas évident à réaliser. Beaucoup d’efforts en perspective, mais avec quelle contrepartie ? On lui a dit que des caravanes de dromadaires transportent du sel vers les ports de la Méditerranée. Parties de très loin au sud, elles remontent d’abord vers le nord pour atteindre les steppes et les régions plus tempérées avant de faire route vers l'est. Avec un point d'eau au milieu du désert, les caravaniers auront un trajet beaucoup plus court et seront donc prêts à ***payer*** celui qui leur permettra de faire étape avec de l'eau en abondance.

« Payer » est réellement la première manifestation de ce qu'on appelle l'Economie. En effet, ce terme résume l'idée que les échanges entre les individus peuvent se développer dès lors que celui qui reçoit un bien ou bénéficie d'un service lui reconnait une « valeur ». Et donc « Payer » permet d'éviter de devoir quelque chose en retour à son interlocuteur. Cela a commencé dès la préhistoire avec le troc. L'utilisation de l'or et de l'argent comme monnaie d'échange est attestée depuis au moins 3000 ans avant J.C. dans le bassin méditerranéen !

Souf est bien conscient qu'il ne pourra pas construire le puits tout seul et qu'il doit donc convaincre ses confrères pasteurs de participer à l'aventure. Dès son retour, il leur raconte sa découverte et essaye de leur communiquer son enthousiasme. Mais ils n'ont vraiment pas l'air intéressés à l'idée d'exploiter l'eau d'Aguad car cela leur paraît bien utopique en plein désert. Pourquoi des efforts pour obtenir de l'eau là où il n'y en pas et où, surtout, il n'y a personne ? Et même si finalement cette eau nouvelle attire des caravanes comme le pense Souf, comment être sûrs d'en tirer un revenu ? Non, vraiment, le risque est trop grand, disent-ils tous. Mais Souf, qui lui y croit vraiment, leur affirme pour tenter de les convaincre qu'il est prêt à rester sur place pour entretenir et surveiller le puits. Et il leur rappelle qu'en participant aux travaux, ils auront bien sûr toute liberté d'utiliser l'eau pour leurs animaux ou pour se lancer dans des cultures. Ce dernier argument finit par convaincre quelques-uns d'entre eux, suffisamment pour pouvoir creuser et aménager le puits.

Les travaux sont réalisés sans difficulté technique particulière sous un soleil de plomb. Maintenant il faut vite faire venir des caravanes de façon à exploiter le trésor de l'eau sans se le faire rafler. Heureusement dans le désert, contrairement à ce qu'on pourrait croire, tout se sait très vite et les chefs des caravanes comprennent immédiatement l'intérêt de cette nouvelle route qui correspond pour eux à un grand raccourci. Ils savent aussi que leur intérêt est d'être sûrs de toujours trouver de l'eau au milieu du désert. Mieux vaut donc rémunérer le service rendu que d'égorger les propriétaires du puits ! ..... et échanger cette eau pompée à grand-peine contre une petite partie de la cargaison de la caravane.

Cette histoire ne manque pas de sel ! Le sel est utile mais en avoir trop offre peu d'intérêt. Les chefs des caravanes comprennent que, sur leur trajet de retour, l'eau ne leur sera fournie que s'ils déposent aussi d'autres produits utiles pour Aguad. Des plants de dattiers et de tomates ainsi que des semences de céréales pourront être bien utiles, sans parler des nombreux petits objets divers que les caravaniers transportent durant leur voyage de retour. Pour eux, tout cela est peu de choses par rapport au temps gagné sur le trajet, un ***équilibre*** va se créer et tout le monde pourra dormir tranquille.

L'équilibre économique, ou tout au moins sa recherche, est lui aussi immémorial. Car les différences dans l'appréciation de la « valeur » des échanges créent des frustrations qui peuvent facilement dégénérer. Le « commerce » suppose la compréhension mutuelle de cette nécessité de s'entendre sur la valeur des choses pour le bien-être de tous.

Montesquieu parlait ainsi du « doux commerce ». Plus savamment, on parle aujourd'hui d'« économie de marché » lorsque les échanges sont libres et les prix sont (le plus souvent !) fonction de la quantité d'offre et de demande d'un même bien ou service.

Les expériences sur une nation tout entière de prix totalement administrés pour permettre la collectivisation de l'ensemble des moyens de production (comme en Russie après la révolution d'octobre 1917) n'ont pas eu le succès espéré et le collectivisme généralisé, inspiré de la doctrine de Karl Marx au 19ème siècle, est largement discrédité aujourd'hui.

La critique porte dorénavant sur le droit d'exploiter les ressources naturelles non renouvelables de la planète en considérant qu'elles sont gratuites.

.../...

…/…

Ici, les fondateurs se considèrent comme propriétaires du puits. On peut comprendre qu'ils souhaitent un revenu en face de leur investissement initial et du coût de l'exploitation quotidienne du puits.

Mais l'eau elle-même, peut-elle rester un bien gratuit comme l'air que l'on respire ? A quelle catégorie appartient-elle ?

L'eau dans le désert est-elle vraiment renouvelable ?

D'autres soucis envahissent les réflexions de Souf car il ne peut pas consommer l'ensemble des biens reçus, même en festoyant avec sa famille et ses amis pasteurs qui l'aident de temps à autre à surveiller le puits. Il sait aussi que les plants et semences vont se détruire si on ne les plante pas. Seul le sel ainsi que les petits objets peuvent être stockés durablement, à condition de bien les surveiller.

Notre homme a un tempérament d'entrepreneur. Il comprend qu'il faut bien sûr développer l'exploitation du puits mais aussi qu'il peut faire fructifier tous ces biens troqués auprès des caravaniers. S'il doit les stocker et les surveiller, autant les mettre en vente et créer un petit magasin qui attirera aussi les pasteurs des steppes les plus proches. En regardant plus loin, les plants et les semences permettront de créer une palmeraie. Ainsi, quand les palmiers auront grandi, ils produiront beaucoup de dattes et des légumes pourront facilement pousser sous leur ombre.

Quand tout sera réalisé, ce seront donc à la fois un puits, un magasin général et une palmeraie qu'il faudra gérer. Qu'il les développe seul ou en s'en associant à d'autres personnes, ces activités ont chacune leurs particularités et leurs contraintes propres. Ce sont donc trois ***entreprises*** bien distinctes qu'il faut créer et qui ne s'irrigueront mutuellement (c'est le cas de le dire) que si chacun coopère.

« L'entreprise est une unité économique, juridiquement autonome, dont la fonction principale est de produire des biens et des services pour le marché ». Source INSEE

Cette définition montre bien que pour structurer le développement économique, des « unités autonomes », indépendantes vis-à-vis des biens de leur(s) propriétaire(s) sont nécessaires et que la définition correcte de leurs droits et devoirs est essentielle.

Plus facile à dire qu'à faire car les risques sont nombreux.

Si par exemple, avec le succès de la production d'eau, il faut financer de nouveaux travaux pour augmenter la capacité du puits, tout le monde sera-t-il d'accord ? Ou si les affaires du magasin ne se développent pas aussi vite qu'attendu, qui en sera responsable ? Et si, compte tenu de l'âge qui s'avance, la palmeraie se trouvait un jour confiée par Souf à son fils, ce dernier serait-il bien accueilli ?

Sans dramatiser à l'avance, il y a vraiment de quoi faire écrouler tout le projet. Souf réfléchit et arrive à la conclusion qu'il faut absolument s'organiser sans attendre.

PREMIERE PARTIE

De la nécessité de s'organiser sans attendre

Chapitre 1 : La production de l'eau

Tout commence avec elle. L'eau doit être disponible en toute circonstance et le puits doit donc être protégé des convoitises. Tout seul, il n'y arrivera pas. Il faut créer un groupe solidaire pour faire respecter la ***propriété privée*** du puits et de son exploitation.

L'apparition de la propriété privée est très ancienne, probablement dès le néolithique (9 000 ans avant JC) avec la culture de la terre et la sédentarisation.

Si l'on comprend bien son efficacité (on s'attache plus à un bien privé que collectif), ce n'est pourtant pas un principe universel.

Bien des alternatives ont existé et existent toujours, qu'il s'agisse de « communs » (comme c'est le cas par exemple depuis des siècles en Tunisie ou d'autres pays dans lesquels la ressource en eau est partagée équitablement sans système de privatisation) ou de « coopératives » ou encore d'autres formes de propriété collective (associations, …).

Néanmoins la propriété collective reste privée vis-à-vis de ceux qui ne font pas partie de la collectivité. Par exemple, les caravaniers de passage….

Cette solidarité entre les pasteurs qui ont aidé Souf pour la création du puits sera certainement mise à l'épreuve, car les intérêts des uns et des autres finiront par diverger. Chacun sera tenté de pousser ses propres idées et, s'il n'obtient pas satisfaction, de tout bloquer plutôt que de trouver des compromis. Il faut donc formaliser et pérenniser l'accord d'association.

Cet accord ne sera solide que s'il prévoit comment partager entre les associés les bénéfices de l'exploitation du puits. On se sent plus concerné et on est donc plus dynamique quand on protège un bien qui vous rapporte quelque chose. Il faut donc créer un accord de **_société_** qui définira le partage de la propriété du puits et donc de la répartition des bénéfices.

La société est donc le cadre juridique choisi pour préciser le fonctionnement autonome de l'entreprise. Plusieurs formes de société, avec des règles de fonctionnement standard, sont possibles mais elles ne sont pas les mêmes suivant les pays et les époques. Certaines adaptations de ces règles aux souhaits des fondateurs sont aussi possibles en rédigeant ce qu'on appelle les « statuts ».

Dès lors que sa légitimité acceptée, la valorisation de la propriété est le sujet le plus crucial de l'organisation sociale. Il s'agit surtout au départ de définir la part de chacun des fondateurs en pourcentage du total.

.../...

…/…

En effet, la règle de base des sociétés détenues par plusieurs « propriétaires » est de distribuer les bénéfices en proportion des parts de chacun dans la société.

L'idée est simple mais pourquoi partager en parts égales alors que, lui, Souf a fait l'essentiel du travail ? La meilleure chose à faire est donc d'estimer la ***valeur des parts*** de chacun dans la société à partir du travail fourni pour la mise en place du puits. Cette valeur reconnue pour le travail réalisé par chacun des fondateurs deviendra le ***capital*** de la société.

En effet, il est possible de constituer le capital d'une société par des apports en « nature » (ici la propriété du puits) et non en « espèces ».

Au sein d'une société nouvelle (une « start-up » dans le vocabulaire en vogue), il paraît légitime que le « poids » de chacun dans le capital reflète correctement les efforts antérieurs à la création.

…/…

.../...

Ce poids détermine le nombre de parts de chacun par rapport au nombre total de parts fixé dans les statuts.

En divisant le montant des apports pour constituer le capital (ici la valeur du puits) par le nombre de parts, on calcule la valeur de la part.

La valeur des parts est appelée à évoluer dans le temps avec la vie de la société. Il s'agit dans un premier temps de ce qu'on appelle la valeur nominale car c'est elle qui est inscrite « en dur » lors de la création de la société.

Pour que tout se passe de manière apaisée, entre « gentlemen », la valeur nominale d'une part doit logiquement, au jour de la création, être le prix d'échange qui serait accepté entre associés si ceux-ci voulaient se céder des parts entre eux.

On comprend donc que la valeur des parts doit refléter correctement la valeur des biens (ou de l'argent) apportés comme propriété de la société, entité autonome. Pour plus de sécurité, de nos jours, la valeur des apports est en général soumise à un professionnel indépendant, le Commissaire aux Apports.

La constitution de la société des Eaux d'Aguad

Souf établit donc une proposition dans laquelle il estime le temps passé par chacun pour la création du puits. Il fait en sorte qu'il aura bien la majorité des parts (58% dans son calcul initial), ce qui lui permettra de diriger la société sans réellement se soucier des points de vue que pourraient faire valoir les associés minoritaires. Puis il réunit tous ceux qui ont travaillé à la création du puits en ***assemblée*** pour leur faire approuver le document.

> *Une assemblée est la réunion de tous les propriétaires de la société au cours de laquelle on vote les décisions importantes. Cette première séance appelée constitutive est bien sûr essentielle pour établir les bases de la « copropriété ».*

Mais celle-ci ne se déroule pas comme il le pensait. La proposition est très critiquée en soupçonnant Souf de se faire la part trop belle et une contre-proposition est établie qui réduit la part de Souf à 32 % seulement du total. Pour éviter que la discussion ne s'échauffe trop, ils se séparent à temps !

Souf est bien ennuyé. Il est vrai qu'il avait un peu poussé vers le haut à son avantage l'évaluation de sa propre part dans la première proposition mais, quand même, 32% ce n'est pas sérieux. Non seulement ce n'est pas représentatif du travail fourni mais cela présage de discussions sans fin dès qu'il faudra prendre une décision. Car, ce qui est sûr, c'est qu'il faudra la majorité des parts pour décider.

Mais avec de tels écarts de valorisation il ne voit pas comment, même en discutant des nuits entières, il va parvenir à faire accepter qu'il ait la majorité des parts. D'un côté il ne peut pas se permettre de continuer à exploiter seul le puits parce qu'un jour ou l'autre il se fera poignarder mais, de l'autre, le risque de se faire spolier de son idée qu'il considère de génie et de son travail acharné pour en arriver là le rend malade.

Après avoir longuement tourné toutes ses idées dans sa tête, il entrevoit une solution pour « sortir par le haut ». Il a démarré trop vite en proposant directement les parts du capital. Il faut d'abord bien décrire ce que fera la société et ce qu'elle ne fera pas. Dans son ***objet social***, il se dit qu'il faut séparer la gestion de la production d'eau de celle du magasin, avec l'idée de se réserver cette dernière. Car c'est sûrement à l'occasion de la revente de tous les objets reçus en échange de l'eau que les difficultés entre associés apparaîtront. Et puis, et peut-être surtout, les profits sur les ventes du magasin seront pour lui seul ! Dans ce but, les « Eaux d'Aguad » (c'est le nom proposé, appelé aussi sa ***raison sociale***, abrégée en « EdA ») auront un objet social unique : la production et la vente de l'eau du puits.

Mais ce n'est pas suffisant, il faut aussi écrire un texte, les ***statuts*** de la société, que tout le monde devra avoir accepté et qui précise en particulier comment sera choisi celui qui détiendra le magasin et fera le négoce de tout ce qu'elle acquiert auprès des caravanes ou de la palmeraie.

Tout bien pesé, Souf est finalement prêt à ne pas être majoritaire dans les Eaux d'Aguad s'il est sûr que tous les produits déposés par les caravanes seront bien confiés au Magasin qu'il va créer comme une entreprise séparée et dont il sera seul propriétaire. Cela revient à exiger ***l'exclusivité*** de la commercialisation. Et il aimerait donc bien que cette exclusivité soit inscrite dans les statuts !

L'exclusivité est une notion juridique essentielle dans le fonctionnement de l'économie de marché. En effet, pour qu'il y ait un vrai marché et une concurrence, il faut normalement que tous les biens et services à vendre soient librement produits par n'importe qui. C'est-à-dire que l'exclusivité doit être l'exception.

Mais, en réalité, de nombreux types d'exclusivité existent, qu'il s'agisse des professions réglementées comme les médecins ou de l'utilisation de brevets sur certaines découvertes, de marques....

Ici, même sans brevet, Souf considère que son engagement initial mérite en retour une exclusivité sur ce qu'on appellerait aujourd'hui un « produit dérivé » issu de son initiative initiale. Très discutable donc !

Après des discussions serrées, le compromis est le suivant :

Les pasteurs sont d'accord pour une gestion séparée du magasin, mais Souf n'obtient pas pour autant l'exclusivité du négoce des produits reçus. Il est seulement écrit que ceux-ci seront écoulés par le (ou les, hélas !) négociant(s) qui auront été acceptés par « EdA » à la majorité des parts. Toutefois comme, aujourd'hui, il n'y a pas d'offre concurrente à celle de Souf, ce dernier est accepté à l'unanimité. En échange, Souf accepte de ne pas être le ***Gérant*** de la société EdA (ce sera D qui, avec la deuxième plus grosse part dans la société, devient Mr Gérant) et de ne recevoir que 40 % des parts selon la répartition suivante :

	PROPOSITION INITIALE		**CONTRE-PROPOSITION**		**ADOPTE**	
Noms des associés	Nb de jours de travail réalisés	Parts dans la Société	Nb de jours de travail réalisés	Parts dans la Société	Nb de jours de travail réalisés	Parts dans la Société
Souf	105	**58%**	70	**32%**	80	**40%**
A	5	3%	12	5%	10	5%
B	10	6%	18	8%	15	8%
C	15	8%	30	14%	25	13%
D	18	10%	40	18%	35	18%
E	8	4%	15	7%	10	5%
F	13	7%	20	9%	15	8%
G	6	3%	15	7%	10	5%
	180	100%	220	100%	200	100%

Note: les associés ont souhaité rester anonymes

Souf se dit que de toute façon, pour faire adopter une décision, il n'aura à convaincre qu'un (Mr Gérant par exemple avec qui il s'entend bien) ou deux autres associés. En revanche, pour qu'une décision contraire soit acceptée, il faudra qu'ils s'y mettent à cinq ou six au moins. Et donc, connaissant bien leur individualisme, il n'y a pas grand risque que cela se produise !

Lorsque le capital d'une société est détenu à plus de 50 % par l'un des associés, la question de la gérance (c'est-à-dire de traitement des affaires courantes) ne se pose guère car celle-ci revient logiquement à ce dernier. De plus, toutes les décisions importantes nécessitent forcément l'accord du majoritaire.

En revanche, quand le capital est très réparti, le rôle du Gérant devient très important car il lui faut réunir une majorité pour faire passer des décisions. Et inversement, le Gérant peut assez facilement « enterrer » un projet. On voit bien, dans les réflexions de Souf, que ces questions qu'on appelle de « gouvernance » priment finalement dans l'accord par rapport à une approche strictement économique.

Les questions de pouvoir ne datent pas d'hier !

Le nombre de parts de chacun étant clarifié, il faut établir maintenant la valeur des parts.

Après moult réflexions et discussions, comme le puits tel qu'il est aujourd'hui pourra raisonnablement fonctionner une vingtaine d'années, un accord est trouvé pour le valoriser à 12000 jours de revenu du puits (ou journées de consommation d'eau pour environ deux utilisateurs simultanés).

Un autre sujet perturbe tout le monde. Les associés aimeraient bien avoir accès à l'eau gratuitement comme cela était promis dès le début de l'aventure. Mais quand cela se saura, ils sont aussi convaincus que d'autres voudront devenir associés ou, au minimum, seront mécontents. La solution la plus simple et claire, la seule qui permette d'éviter de futures difficultés, c'est de faire payer les associés comme les autres. Cela ajoutera du profit à EdA et ce profit sera distribué un jour sous forme de ***dividendes*** aux seuls associés. Pour eux au fond, après un certain temps, les dividendes qu'ils recevront compenseront largement le fait qu'ils doivent payer l'usage l'eau et, au moins, il n'y aura pas deux poids et deux mesures.

Le dividende est littéralement « ce qui doit être divisé, partagé ». Le profit d'une entreprise appartient aux associés (les copropriétaires) et s'il est distribué (car les fonds peuvent rester dans l'entreprise pour être réinvestis), chaque part reçoit le même montant (sauf cas particulier agréé dans les Statuts).

Enfin, l'accord prévoit de n'admettre de nouvel associé qu'à l'unanimité, que les parts puissent être échangées librement entre associés et qu'un associé puisse sortir de la société en cédant ses parts soit à un autre associé, soit à un nouvel associé qui aura été admis.

De façon à garder une trace de l'accord ainsi valorisé, un tableau récapitulatif est créé et approuvé par chacun des associés. Il permettra d'initialiser la comptabilité de la nouvelle société EdA. Il est appelé ***bilan*** de création de la société.

Le bilan est la photo de la société à un moment donné. Il décrit d'un côté ce qu'elle possède (appelés aussi les Emplois ou l'Actif) et de l'autre la trace de l'origine des fonds (appelés aussi les Ressources ou le Passif).

La fameuse égalité comptable entre l'Actif et le Passif, qui paraît souvent un peu magique, est simplement due à cette nécessité de retranscrire simultanément l'emploi des fonds face à leur origine.

A la création de la société, le bilan se résume aux seuls apports des propriétaires. Ces apports qui constituent l'actif de la société sont donc aussi une dette, un passif de la société, vis-à-vis de ses propriétaires.

Plus tard, dans le courant de la vie de la société, les fonds seront complétés par les profits réalisés ou réduits si ce sont des pertes. Des fonds complémentaires pourront aussi être obtenus par de nouveaux apports ou le recours à l'emprunt.

Pour EdA, le bilan à la création est le suivant :

Bilan EdA à la création de la société

(en jours de consommation d'eau)

Débits		*Crédits*		
Valeur de la création du puits	12000	Apports des associés		12000
		Dont		
			Souf	*4800*
			A	*600*
			B	*900*
			C	*1500*
			D	*2100*
			E	*600*
			F	*900*
			G	*600*
TOTAL EMPLOIS (ACTIF)	12000	TOTAL RESSOURCES (PASSIF)		12000

L'actif de la société est la propriété du puits à la valeur convenue et en contrepartie, au passif, apparait la dette vis-à-vis des différents associés qui ont réalisé les apports. On voit ainsi que Souf possède l'équivalent de 4800 jours de consommation d'eau (ce qui correspond bien à 40 % du capital de la société) et le plus petit associé n'en a que 600, soit 5 % du capital.

L'activité « d'EdA » et du Magasin la première année

Maintenant, comme tout est au clair vis-à-vis des fondateurs, il faut se préoccuper de l'exploitation du puits.

Comment va-t-on pouvoir suivre les consommations d'eau ? Il faudrait quelque chose qui représente le droit à une journée de consommation d'eau. Par exemple des jetons, avec un jeton pour une journée de consommation individuelle. Une petite rose des sables ferait bien l'affaire mais, comme on en trouve très facilement un peu partout dans les dunes, tout le monde viendra réclamer de l'eau en donnant une rose des sables pour contourner le système.

En attendant mieux, il est décidé d'en rester à des jetons frappés « EdA ». Mais il faut surtout que les jetons que l'on donnera contre des sacs de sel ne puissent être émis que par quelqu'un de confiance. Sous la responsabilité du Gérant d'EdA, ce sera à la personne qui garde le puits et donne accès à l'eau de s'occuper d'un côté de donner des jetons EdA en fonction des marchandises déposées et de l'autre d'en reprendre en début de journée contre l'accès au puits.

L'exploitation du puits permettra à EdA de recevoir beaucoup de sel, bien utile pour conserver les aliments et stimuler la production de lait des animaux, mais aussi certaines denrées et objets transportés par les caravanes sur leur trajet de retour.

Plusieurs caravanes sont déjà passées et elles ont laissé en paiement 15 sacs de sel ainsi que 50 kg de dattes en provenance d'autres oasis. Mr Gérant a obtenu l'autorisation de la part des copropriétaires d'EdA d'accepter les sacs de sel sur la base de 10 journées d'eau individuelles (homme et/ou dromadaire) pour un sac de sel et les dattes sur la base de 10 kg pour un sac de sel. Les 50 Kg de dattes sont donc comptés comme l'équivalent de 5 sacs de sel portant le total à 20 « équivalent » sacs de sel.

Au total, ce sont donc 200 jetons EdA (200 journées de consommation d'eau) qui ont été vendus à la fin de la première année.

Il faut donc commencer par stocker physiquement tout cela en évitant que ce soit mangé pendant la nuit par les petits renards du désert aux grandes oreilles. C'est de là, qui sait, que vient la fameuse expression « Il ne faut pas jeter son argent par les fennecs » !

La petite difficulté, c'est que pour pouvoir ouvrir son magasin, Souf doit avoir des marchandises à présenter dès le premier jour alors que le magasin n'aura de quoi rembourser EdA que lorsque suffisamment de ventes se seront réalisées.

C'est un peu le fameux problème « de la poule et de l'œuf ». L'œuf existait-il avant la poule ou bien est-ce l'inverse ? Il faut en sortir et, en économie, cela passe par le crédit. On livre les produits mais on laisse du temps au magasin pour payer, pour s'acquitter de sa dette.

Il est donc convenu de laisser à Souf, au moins au début, un délai assez large de six mois pour payer à EdA la marchandise qui entre dans le magasin. Grâce à cet accord, les sacs de sel et les dattes ont donc pu être transportés dans le stock du magasin de Souf afin qu'il ouvre dès que possible.

Pour exprimer cette dette du Magasin vis-à-vis d'EdA, il faut maintenant définir comment la compter. La marchandise laissée au magasin correspond à 200 jetons EdA. Cette dette initiale du magasin devra donc être remboursée en jetons EdA et par voie de conséquence le magasin devra exiger des jetons EdA de ses clients. Les relations entre EdA et le magasin seront donc exprimées en nombre de jetons EdA.

Mais attention, cette dette va évoluer car d'un côté, dans 6 mois, le magasin aura remboursé ses premières dettes et de l'autre EdA aura livré régulièrement de nouveaux produits au magasin. Voilà un sujet à suivre de près !

Dans un monde qui n'a pas l'habitude du papier et où tout passe par la parole donnée, il n'y aura pas de difficulté tant que cela reste à la portée de quelqu'un qui aime bien les chiffres et qui a une bonne mémoire.

Encore faut-il que de part et d'autre on n'ait pas ce qu'on pourrait appeler une petite amnésie d'intérêt commercial. Ce serait bien tentant ! Il y a 5000 ans, chez les Sumériens, on avait déjà dû corriger le problème en traçant des bâtons sur des tablettes d'argile.

Alors, EdA et le Magasin tombent d'accord pour inscrire le contenu de chaque livraison et de chaque remboursement de dette sur un grand registre qui sera la « mémoire » commune à la fois pour Souf (en tant que propriétaire du magasin) et pour Mr Gérant, le responsable de la bonne gestion d'EdA.

C'est toute la différence entre simplement « compter » et « comptabiliser ».

Il faudra aussi bien sûr que les deux parties montrent régulièrement par un signe distinctif qu'elles sont accord sur le contenu du registre. Ce signe distinctif de Souf et de Mr Gérant n'est autre que ce qu'on appelle leur signature.

Tenir ce grand registre, on dit le ***Grand Livre*** des comptes, sur lequel Souf et Mr Gérant sont tombés d'accord pour éviter tout risque de litige ultérieur, c'est vraiment l'objectif premier de toute comptabilité. Il servira bien sûr pour inscrire l'ensemble des dépenses et des recettes. Mais si l'on ne veut pas s'y perdre par la suite, c'est dès avant l'ouverture au public qu'il faut aussi être vraiment d'accord sur l'état du stock et des dettes du magasin.

A l'issue d'un ***inventaire,*** il faudra donc compléter le grand livre par la valeur du stock et celle des achats ou ventes réalisées mais non encore payées. On déterminera ainsi les ***Charges*** et les ***Produits*** à ne pas confondre avec les seules dépenses et recettes.

Même si le magasin n'ouvrira qu'en janvier prochain, il faut « arrêter » les comptes dès la fin de la première année (en effet, l'année calendaire a été définie, sans que ce soit obligatoire, comme la durée d'un ***exercice***). On dit aussi à la clôture car, une fois approuvés, il a toujours été admis qu'on ne devait plus y revenir, ils sont clos.

Le ***Compte de résultats*** récapitule les charges et les produits à partir du Grand Livre et le résultat de la période est calculé par différence (on dit aussi ***le résultat de l'exercice).***

Le résultat d'un exercice est aussi l'écart entre le ***bilan*** à la ***clôture*** de l'exercice et celui qui a été approuvé à la clôture précédente. Ce bilan de clôture est la nouvelle photo qui représente les nouvelles valeurs des emplois (Actif) et des ressources (Passif).

La comparaison des deux photos (des deux bilans) permet ainsi de confirmer la véracité de l'enregistrement des transactions réalisées dans le courant de l'exercice.

L'enjeu étant d'importance, la cohérence entre le résultat de l'enregistrement des produits et des charges de l'exercice d'un côté et de l'autre cette comparaison de l'évolution des bilans, est à la base, de nos jours, de la certification des comptes.

>> Du côté d'EdA, les deux tableaux sont les suivants :

Compte de résultats d'EdA la première année

en jetons EdA (jours de consommation d'eau)

Débits		*Crédits*	
		Journées de consommation d'eau vendues	200
		Contre:	
		Sacs de sel	*150*
		Dattes	*50*
TOTAL CHARGES	0	TOTAL PRODUITS	200
PROFITS	200	PERTES	
TOTAUX	200	TOTAUX	200

On voit bien apparaître, dans le compte de résultats, le produit de la vente d'eau qui a enrichi EdA de 200 jetons puisqu'il n'y a eu aucune charge d'exploitation.

La cession des sacs de sel et des dattes d'EdA au Magasin, quant à elle, n'apparait pas en pensant que ce n'est pas utile puisque, réalisée à la valeur de l'échange initial, elle n'a pas eu d'impact sur le profit. Ce choix trop simplificateur sera critiqué lors de la présentation des comptes à l'Assemblée annuelle. En effet, le compte de résultats de fin d'année doit absolument retracer toutes les transactions, y compris celles qui sont neutres pour les résultats. Mr Gérant en prend bonne note et confirme que ce sera fait dorénavant.

Dans le bilan à la fin de la première année, il n'apparait pas à l'actif de valeur de stock de marchandises car celles-ci ont toutes été cédées au magasin. En revanche, il faut constater la nouvelle ***créance*** d'EdA sur le magasin de Souf, en attente de son paiement.

Au passif, la valeur de la propriété des associés a bien augmenté de ces mêmes 200. Ils leur appartiennent et ils pourront un jour se les faire verser sous forme de dividendes.

Bilan EdA à la fin de la première année

en jetons EdA (jours de consommation d'eau)

Débits			*Crédits*
Valeur du puits	12000	Capital	12000
Valeur de la marchandise *(due par SOUF)*	200	Profits (pertes) de l'année	200
TOTAL EMPLOIS (ACTIF)	12200	TOTAL RESSOURCES (PASSIF)	12200

L'augmentation des fonds propres de la société est bien égale au profit qui apparait dans le compte de résultats.

Le fait que, dans un bilan, les créances de la société apparaissent dans la colonne appelée des débits peut paraître curieux. Cela provient du fait que le terme de « débit » vient d'un verbe latin qui veut dire « Il doit ». Ici il faut donc comprendre : « Le magasin de Souf nous doit 200 à nous EdA ».

Une confusion apparaît souvent dans le vocabulaire courant par le fait que les banques, comme toute société, emploient bien les termes de débit et crédit au vu de leurs propres comptes et non du point de vue du déposant. Quand la banque débite notre compte courant, par exemple pour des commissions ou des frais divers, elle constate une créance en sa faveur alors que, pour nous, c'est une dette.

Les termes sont donc à manier avec précaution en gardant à l'esprit que les choses doivent être analysées du point de vue de l'entité dont on s'occupe et d'elle seule.

>> **Dans les comptes du Magasin de Souf**, les deux tableaux se présentent de la manière suivante :

Compte de résultats du magasin la première année

en jetons EdA (jours de consommation d'eau)

Débits		*Crédits*	
Achats de marchandises	200	Augmentation du stock (*)	200
Dont			
Sac de sel 150			
Dattes 50			
TOTAL CHARGES	200	TOTAL PRODUITS (*)	200
		(*) à considérer en diminution de charges	
PROFITS		PERTES	
TOTAUX	200	TOTAUX	200

Le magasin n'a fait ni perte ni profit puisque, avant son ouverture, Souf s'est contenté de stocker les marchandises dans des conditions qui font que leur valeur n'a pas évolué. Quant à son bilan, comme la société est neuve et que Souf n'a pas versé à sa propre société de capital initial, il est on ne peut plus simple : les emplois sont la valeur du stock de marchandises (un actif tangible réalisable dans le parler technocratique !). Ce stock est devenu la propriété du magasin contre l'inscription de la dette du magasin de Souf auprès d'EdA. Cette dette, au **crédit** dans le bilan, est bien une ressource pour le magasin.

> *C'est le symétrique de débit. Crédit c'est « il croit » en latin. Ici, c'est donc : « EdA croit que moi Souf, propriétaire du magasin, je vais bien lui payer 200 ».*

On y voit plus clair grâce à ces efforts de comptabilisation. Mais, ce qui paraît de plus en plus curieux, c'est de s'astreindre à garder la référence aux journées de consommation d'eau pour valoriser les transactions. Le magasin ne vend pas d'eau, il vend des sacs de sel et quelques autres denrées ! Comme un sac de sel « vaut » 10 jetons (un sac de sel correspondant à 10 journées de consommation d'eau), pourquoi ne pas tout compter en nombre de jetons ?

C'est ce qui sera fait dorénavant avec pour conséquence l'apparition d'une véritable Unité Monétaire.

Chapitre 2 : Le projet de palmeraie

Pour créer une palmeraie et faire du maraîchage à l'ombre des arbres, il faut d'abord de l'eau en abondance. Comme désormais le puits fonctionne bien, il reste à creuser des rigoles pour irriguer tout le terrain. Il faut aussi acheter des plants de palmiers dattiers et les planter. Mais comme il faudra une dizaine d'années pour qu'ils arrivent à la pleine production de dattes, il faut essayer de gagner de l'argent sans attendre en faisant pousser tomates, oignons, salades… sur le terrain entre les (futurs !) arbres. Au début, il faudra ajouter du fumier de mouton ou de dromadaire et l'absence d'ombre limitera les rendements mais, après ce sera le pactole ! Quant au prix des dattes, vu celui auquel Souf espère les vendre dans son magasin, pas de soucis !

Le modèle économique du projet, en anglais le « ***business model*** **»**, paraît parfait.

> *Le « business model », c'est le descriptif des caractéristiques fondamentales et permanentes d'une activité économique qui lui permettent de créer une valeur.... ou plutôt permettront, ce qui est un pari, lorsque l'activité est vraiment nouvelle !*

Souf est tenté par cette nouvelle aventure mais il est tout de même perturbé par cette longue période avant de réellement voir les fruits (au sens propre) de l'investissement. Il est encore en bonne santé mais il faut aussi penser loin. Par ailleurs, il est déjà un membre important d'EdA et le propriétaire du magasin.

Il a donc bien de quoi s'occuper et ... attention aux jalousies s'il apparaît trop clairement comme le bénéficiaire de cette troisième activité. Donc place aux jeunes ! Après en avoir bien débattu, Souf Junior, le fils de Souf est d'accord pour se lancer dans l'aventure.

Mais deux ingrédients essentiels pour mener à bien un tel projet lui manquent. Il s'agit de la certitude de pouvoir s'approvisionner durablement en eau et de l'argent pour réaliser les investissements initiaux.

Souf est prêt à aider son fils. Il fait inscrire à l'ordre du jour du conseil d'administration d'EdA une proposition de décision (une ***résolution*** dans le vocabulaire des sociétés) pour accorder à Souf Junior un accès à l'eau du puits de façon à lui permettre de démarrer sa palmeraie. Il faudrait également lui faire un prêt qu'il rembourserait avec le produit des premières récoltes sur la base de quantités et du délai définis dès le départ de l'exploitation. Il fait venir son fils pour que celui-ci expose lui-même son projet aux associés d'EdA. Lors de son ***« pitch »*** devant tout le monde, ce dernier fait valoir qu'une palmeraie bénéficiera à tous car elle procurera des dattes dont une partie pourra être cédée aux caravanes pour les revendre loin d'Aguad. Cela fera venir de plus en plus de caravanes, qui achèteront de l'eau. Et les pasteurs des environs pourront aussi venir faire leur marché pour acheter les tomates et autres légumes qui pousseront sur le terrain.

Le mot anglais de « Pitch » s'est répandu pour parler de la nécessité de présenter un sujet de façon convaincante en peu de mots pour tenir compte du peu de temps disponible de la part de ceux qui vont décider.

On parle même « d'Elevator pitch » en prenant l'exemple de celui qui arrive à convaincre son chef de l'intérêt de son projet dans les quelques courts instants que dure la montée de l'ascenseur (elevator) et pendant lesquels on s'est trouvé opportunément en sa présence.

Evidemment, le pitch doit résister à une analyse ultérieure approfondie du sujet. C'est souvent le problème et on dit alors en français que c'est plutôt de « l' esbroufe » !

La discussion qui suit est animée.

Certains craignent que la palmeraie ne consomme trop d'eau et que cela limite les ventes aux autres utilisateurs. D'autres, jaloux, craignent que la famille de Souf, qui est le plus gros associé d'EdA et qui exploite le magasin, devienne trop envahissante. Tous enfin craignent que, comme tout se sait, les autres utilisateurs du puits se servent de ce précédent pour demander également des crédits.

Mr Gérant sent que tout ceci arrangerait encore une fois trop bien Souf et sa famille mais il peut difficilement s'opposer frontalement à celui qui est à l'origine de la prospérité croissante d'Aguad. Mr Gérant est assez malin et trouve un argument imparable pour refuser le crédit. Il dit qu'il ne voit pas pourquoi ce serait à EdA de faire crédit alors que le Magasin a de l'argent disponible en revendant ***au comptant*** (c'est-à-dire immédiatement) les produits achetés avec un crédit de six mois de la part d'EdA. Sous-entendu, comme la palmeraie va être une affaire de famille, débrouillez-vous entre vous !

Souf fait pour la première fois l'expérience cruelle du fait qu'il a été contraint d'accepter une majorité seulement relative avec ses 40 % des parts sociales dans EdA car, lors du vote, tous les autres associés abondent dans le sens de Mr Gérant et refusent à 60 % tout crédit en faveur de la palmeraie de Souf Junior. Les associés sont néanmoins finalement d'accord pour que l'on creuse à partir du puits les rigoles dont la palmeraie a besoin mais qu'une trappe de fermeture sera installée et ne sera ouverte par Mr Gérant que contre paiement de jetons dans les mêmes conditions que les autres consommateurs de l'eau du puits.

Le père et le fils sont très déçus car ils y croyaient vraiment !

Souf se sent moralement obligé d'utiliser des jetons encaissés par le magasin pour aider son fils, mais il faut qu'il en garde assez pour rembourser EdA. Et, surtout, comme il a d'autres enfants, il ne peut pas se permettre de prendre trop de risques avec l'un d'eux car si les affaires de la palmeraie marchaient mal, ce seraient tous les autres qui en pâtiraient. Et enfin, mais il ne peut pas le dire trop clairement, il se sent encore trop jeune pour donner dès à présent ses biens à ses enfants et passer la main.

De façon à ne pas tout bloquer, Souf s'engage auprès de son fils à investir progressivement jusqu'à 1200 jetons dans l'aventure, c'est-à-dire à entrer dans le capital de la palmeraie. Il restera donc le seul propriétaire de la palmeraie tant que Souf Junior n'aura pas trouvé d'autres investisseurs. Avec ses 40 % de la propriété d'EdA, il recevra au fil du temps beaucoup de jetons, même si cette dernière décide les premières années de constituer des réserves et donc de ne pas verser ses profits aux associés (ils resteront temporairement dans les caisses d'EdA et seront présentés dans le bilan en ***report à nouveau***). Les biens de Souf (investis tant dans EdA que dans le magasin) seront donc suffisants pour que Souf Junior, lorsqu'il héritera au décès de son père, devienne le propriétaire de la palmeraie. Il est aussi d'accord pour que Souf Junior fasse état de cet engagement à d'autres possibles investisseurs de façon à les mettre en confiance. D'ici là, Souf Junior sera employé par la nouvelle société créée pour l'exploitation de la palmeraie qu'ils appellent Deglet Nour Aguad (Deglet Nour est le nom de la variété de dattes qu'il veut faire pousser) et l'acronyme sera donc DNA.

Souf Junior a aussi hérité de son père des qualités d'entrepreneur. Il ne se laisse pas démonter par les premières difficultés et il se lance dans le creusement de rigoles sur un terrain proche du puits. Il tente de commander à un caravanier pour 200 jetons de plants de palmiers-dattiers. Comme celui-ci lui demande ce qu'il compte faire d'autant de plants, Souf Junior lui raconte son projet et en profite pour lui demander si, par hasard, il connaitrait un investisseur qui serait intéressé pour prendre une participation dans le capital de sa société jusqu'à 800 jetons.

En effet, il ne veut pas qu'un nouvel investisseur devienne majoritaire dans DNA. Le caravanier répond qu'effectivement il connait quelqu'un qui a de quoi investir et qu'il lui en parlera.

Le temps passe et le caravanier revient avec les plants de dattiers que Souf Junior paye grâce à une avance de son père et, surtout, en annonçant que l'investisseur en question, Mr Fortune, a été intéressé par la création de la palmeraie d'Aguad. Il sait que la demande de dattes « deglet nour » est très forte et il a été impressionné par l'importance de la commande de plants. C'est quelqu'un d'un peu âgé qui ne veut pas voyager jusqu'à Aguad où il n'a pas envie de déménager. Mais il veut bien envoyer quelqu'un de confiance, un certain Mr Prêt, pour créer une banque à Aguad car la ville semble se développer. Cette banque sera adossée aux biens de Mr Fortune, elle acceptera des ***dépôts*** de jetons EdA et prêtera ou investira en capital dans des entreprises locales. Mr Prêt va venir bientôt à Aguad et pourra donc étudier en détail les business plans (le terme français de plan d'affaires est peu usité) qui lui seront proposés.

En tout état de cause, Mr Fortune souhaite être le premier à ouvrir une banque à Aguad. Il voit bien les potentialités à la fois en tant que banque de Dépôts mais aussi en tant que banque d'Investissement. Il réserve jusqu'à 800 jetons pour le projet de palmeraie, car l'investissement est prometteur, mais sous forme de prêt et non d'entrée au capital et il ne les versera que lorsque Mr Prêt aura confirmé son accord sur le dossier que Souf Junior doit préparer avec soin.

Chapitre 3 : L'émergence de la Commune et la création de la monnaie

Le jeton EdA, on l'a vu, s'est progressivement imposé comme une monnaie « de fait », dont la valeur est « indexée » sur le sac de sel et dont la gestion est entre les mains des exploitants du puits. Mais la confiance est liée à la possibilité en retour d'échanger des jetons en sac de sels au prix initial. Or ce n'est pas EdA mais Souf, via son Magasin, qui gère librement les contreparties ***tangibles*** (sacs de sel, etc…).

Pour le moment tout cela a l'air de fonctionner. Le développement d'Aguad se confirme car les caravaniers ont confiance dans la valeur du jeton EdA qui leur permet d'accéder à l'eau du puits. Aujourd'hui sans restriction mais demain qu'en sera-t-il si de grandes quantités d'eau sont utilisées pour le bénéfice de la palmeraie ? Comme des investissements complémentaires seront nécessaires pour augmenter le volume d'eau disponible, est-ce que l'ensemble des fondateurs d'EdA seront encore d'accord pour réinvestir ? Même si au départ tout le monde est motivé par la bonne marche du système, il y a un grand risque que progressivement les intérêts particuliers divergent de l'intérêt général. Par exemple, que se passerait-il si une majorité des propriétaires d'EdA voulait laisser une pénurie d'eau s'installer pour augmenter le nombre de sacs de sel exigés en contrepartie d'un jeton EdA ? Ou bien au contraire si Souf se mettait à brader ses marchandises pour écouler plus vite son stock en magasin et faire des profits rapides ?

En résumé, cette angoisse sourde des fondateurs est liée à la crainte que deux exigences fondamentales qui président à l'avenir d'Aguad ne soient pas respectées :

- S'assurer que le puits et l'approvisionnement en eau sera garanti à tous sans discrimination, sous réserve du paiement des jetons.
- S'assurer que la valeur des jetons sera stable et garantie par l'existence d'un stock de sacs de sel en réserve pour qu'ils puissent vraiment servir de monnaie d'échange.

Il faut donc absolument, avant qu'il ne soit trop tard et que tout se déchire, bien distribuer et contrôler les pouvoirs de chacun.

Seul un organisme indépendant pourra, au nom de la collectivité, assurer la responsabilité de l'émission des jetons (l'***émission monétaire***) ainsi que du gardiennage du stock de sel qui servira de garantie de la valeur des jetons. Cette instance, garante donc du bien commun, on peut l'appeler une Commune. Elle n'a pas d'objectif de profit mais seulement de régulation et ses responsables sont élus par l'ensemble des habitants, devenus nombreux avec le développement de la ville. Elle doit donc être propriétaire du puits, même si la gestion de celui-ci est largement sous-traitée. Et elle doit enfin être propriétaire, et pas seulement gardienne, du sel en réserve.

Le temps passant, les quelques petites alertes montrant les premières fissures dans les bonnes relations entre fondateurs d'Aguad finissent par convaincre Souf et les autres fondateurs du puits qu'il faut maintenant créer rapidement cette Commune. Mais sous réserve bien sûr que les droits de chacun soient respectés. Pour eux, il s'agit donc que la jeune Commune leur paye 12000 jetons, correspondant à la ***valeur d'entreprise*** initiale convenue pour EdA comme présenté dans le premier chapitre. Ce paiement sera réalisé par émission monétaire.

Sauf que .... la Commune n'est pas constituée par les seuls propriétaires d'EdA, elle est élue par tous les habitants. Ses représentants font valoir que la valorisation à 12000 jetons prend en compte la capacité d'EdA d'obtenir des revenus dans le futur mais que ceux-ci ne se matérialiseront que contre le lourd travail d'entretien du puits.

Exprimé en termes économiques, la Commune considère que la valeur actuelle de l'entreprise est inférieure à sa valeur initiale. C'est la raison pour laquelle on se borne le plus souvent à parler de Prix d'une transaction plutôt que de Valeur.

Avant de conclure, c'est au vendeur d'apprécier si le prix de la transaction proposé lui paraît raisonnable par rapport à sa propre estimation de la valeur actuelle, et non historique, de l'entreprise qu'il cède.

La Commune propose donc de ne racheter le puits qu'à un prix nettement plus faible et de signer, en parallèle, un contrat de concession de service public à EdA pour sa maintenance, d'une durée initiale de 20 ans, renouvelable par tacite reconduction, et d'un montant de 500 jetons par an. Abrégeons les palabres, finalement la Commune acquiert le puits à 75 % des 12000 jetons, c'est-à-dire un total de 9000 jetons seulement mais EdA recevra dorénavant des revenus réguliers grâce au contrat de concession.

Enfin, la Commune décide qu'à partir de la deuxième année, la monnaie d'Aguad sera renommée MdA (Monnaie d'Aguad) avec équivalence d'un MdA pour un jeton EdA, l'autorisation d'émettre des MdA étant expressément réservée à la Commune qui devient donc l'Institut d'émission. Le MdA restera par ailleurs ***convertible*** en sacs de sel (1 sac de sel pour 10 MdA), la Commune étant responsable de la détention suffisante de sacs de sel en réserve pour le maintien du cours du MdA.

Ainsi, lorsqu'une forte demande tendrait à valoriser un sac de sel plus de 10 MdA, la Commune pourrait céder une partie de sa réserve pour stabiliser la situation et lorsque la demande se mettrait à fléchir un peu elle achèterait du sel pour maintenir le cours. Le simple fait que cette politique d'intervention de la Commune soit bien connue de tous calmera les envies soit d'acheter à un prix faible aujourd'hui pour revendre plus cher dès le lendemain ou soit à l'inverse vendre tant que c'est cher pour racheter moins cher plus tard.

Grâce à la réserve de sel, la Commune a ainsi l'outil pour éviter ce qui s'appelle la ***spéculation***.

La convertibilité de la monnaie est un sujet qui a toujours paru essentiel pour que la confiance demeure. Pourtant la convertibilité du dollar en or a disparu en 1971 et le monde ne s'est pas effondré !

En revanche, la nécessité d'une réserve d'intervention existe toujours, c'est même le nom de l'organisme régulateur aux Etats Unis : la Réserve Fédérale (la FED).

La Commune reprend aussi tel quel le contrat avec le magasin de Souf pour le négoce des biens donnés en échange de l'accès au puits mais, par simplification, seulement à partir de la deuxième année.

Du côté d'EdA, le bilan est donc modifié par la cession du puits à un prix inférieur à la valeur constatée lors de la constitution de la Société. Avec pour conséquence une perte de -3000 MdA, égale à la différence entre le prix de cession du puits et la valeur inscrite initialement au bilan. En effet, même si ces -3000 MdA seront dans quelques années plus que compensés par les profits issus du contrat de maintenance du puits dont EdA a reçu l'exclusivité, il n'est pas possible de « faire comme si » le service était déjà rendu.

L'analyse économique se rapporte toujours à la période considérée, en général l'année. C'est la seule façon de pouvoir faire ressortir les évolutions d'une période à l'autre (la croissance en particulier).

Cela permet aussi de donner régulièrement « quitus » (la reconnaissance d'une gestion conforme aux obligations) au gérant.

En conséquence, le profit sur les contrats dont l'exécution se déroule sur plusieurs périodes est logiquement reconnu seulement au fur et à mesure de la réalisation. Malgré le fait qu'il est signé avec la quasi-certitude de forts profits futurs, rien n'est constaté dans les comptes concernant le contrat de maintenance car son exécution n'a pas encore commencé.

En revanche, on a vu que malgré le fait que le paiement n'était pas encore intervenu, la vente par EdA des dattes et des sacs de sels au magasin a permis de faire apparaître un profit pour EdA car la transaction a été exécutée.

Avec les impacts de la cession du puits avant la fin de la première année, le bilan d'EdA devient donc :

Bilan EdA fin première année (après cession du puits)

(en Jetons EdA, devenus des MdA)

Débits			*Crédits*
Valeur du puits	0	Droits des associés	12000
Valeur de la marchandise *(due par SOUF Père)*	200	Profits (pertes) de la période *Dont:*	-2800
		- exploitation	200
Jetons EdA disponibles	9000	- cession du puits	-3000
TOTAL EMPLOIS (ACTIF)	9200	TOTAL RESSOURCES (PASSIF)	9200

Quant au bilan de la Commune, à l'actif, la valeur du puits sera directement sa valeur de rachat à EdA. L'émission monétaire, qui a permis de le payer, apparaitra au passif (puisque c'est l'origine des fonds). Ce bilan de la Commune en fin de première année devra aussi prendre en compte les transactions avec la nouvelle Banque qui va s'installer à Aguad.

Chapitre 4 : La création de la Banque pour le Développement du Désert (BDD)

Mr Prêt est maintenant installé à Aguad. En étant sur place, il va pouvoir prendre le temps qu'il faut pour convaincre EdA de venir déposer dans la toute nouvelle Banque pour le Développement du Désert (BDD) les jetons qu'ils accumulent chaque jour au lieu de les garder dans une cachette.

Dans son principe, une activité bancaire est assez simple : il s'agit de prêter des sommes d'argent contre le paiement d'intérêts en s'appuyant sur des ressources stables à long terme. Ces ressources stables peuvent avoir deux origines, soit le patrimoine du (des) propriétaire(s) de la Banque soit les dépôts de particuliers non (ou peu) rémunérés, ce qui permet à la Banque de rentabiliser son activité.

En pratique, les dépôts de particuliers ne commencent à affluer que si la solidité du patrimoine de la Banque est démontrée. En effet, tout déposant souhaite pouvoir retirer ses dépôts librement à tout instant sans que l'exercice de ce droit soit perturbé par les prêts consentis par la banque à ses clients. Même si, hors crise financière, il est improbable que tous les déposants aient envie de retirer leurs avoirs le même jour, il faut que la banque puisse s'appuyer sur son patrimoine net de ses dettes (c'est-à-dire sur ses ***fonds propres***) pour maintenir la confiance des déposants. Le rapport entre les fonds propres de la banque et les dépôts reçus ne doit pas descendre en dessous d'un certain seuil et c'est ce seuil qu'il faut bien fixer pour que le lancement de la banque soit un succès auprès des déposants.

A la réflexion, pour pouvoir prêter 500 MdA à un premier client, Mr Fortune et Mr Prêt pensent qu'il faut dimensionner la capacité de prêt de la Banque au moins au double (de façon à répartir les risques) et, pour que des déposants se manifestent, que les fonds propres de la banque arrivent au triple, c'est-à-dire de 1500 MdA. C'est seulement lorsque la taille et la notoriété de la banque auront grandi que la proportion des prêts par rapport aux fonds propres pourra être augmentée. Notre investisseur est manifestement très riche mais comment estimer cette richesse en équivalent MdA (ex jetons EdA) ? Et aussi comment s'assurer que le patrimoine en garantie des dépôts sera bien localisé à Aguad pour éviter qu'en cas de coup dur la banque ne ferme plutôt que prélever des fonds sur son patrimoine ?

A ce stade du développement d'Aguad, la seule valeur non discutable est le nombre de jetons EdA (les MdA dorénavant) donnés aux caravanes en échange des sacs de sel, actuellement fixé à 10. La Banque pour le Développement du Désert (BDD) doit donc déposer 150 sacs de sel à Aguad pour valider des fonds propres de 1500 jetons EdA. Pour que de bonnes conditions de stockage et de surveillance soient assurées, il est demandé à Souf de créer un espace réservé et bien fermé dans son magasin pour stocker les sacs de sel de la Banque. Mr Fortune fait affréter une caravane pour apporter ses 150 sacs de sel et la BDD se trouve ainsi constituée (avec un ***capital libéré***, c'est-à-dire réellement versé, de 1500 jetons EdA).

La banque est désormais en situation de demander aux co-propriétaires de EdA s'ils souhaitent déposer leurs avoirs à la banque. Mais ces derniers ont déjà montré avec le projet de palmeraie qu'ils sont très méfiants vis-à-vis des nouveaux projets. Ils demandent réflexion « Et si ça tournait mal cette histoire de banque ? Attendons de voir… »

C'est ainsi que les premiers dépôts n'auront finalement lieu que la deuxième année.

La situation est devenue paradoxale car malgré la valeur des 150 sacs de sel qui correspondent à 1500 MdA (ex jetons EdA) la banque ne dispose toujours pas de jetons mis en dépôt par ses clients pour pouvoir les prêter à des entrepreneurs. A Souf Junior par exemple, pour sa palmeraie !

Il n'y a donc pas d'autre solution que de convaincre la Commune d'émettre (c'est-à-dire créer purement et simplement) des MdA en contrepartie du rachat de tout ou partie du stock de sacs de sel de la Banque pour le Développement du Désert (BDD). Ces sacs, lorsqu'ils seront détenus par la Commune, augmenteront la garantie donnée sur la valeur du MdA. Les dirigeants de la Commune tombent d'accord pour racheter de 100 sacs de sel, soit 1000 jetons EdA.

Après cette vente, la Banque pour le Développement du Désert (BDD) ne détient donc plus que 50 sacs mais aussi 1000 MdA en ***trésorerie disponible***.

La trésorerie (le cash en anglais) est la notion la plus simple à définir. Il s'agit de l'argent en caisse ou à la banque. Si cet argent n'est pas placé en banque sur des comptes offrant une rémunération contre un « blocage » des fonds pendant une période convenue, on parle de trésorerie disponible.

Ne pas confondre avec le flux de trésorerie (cash-flow en anglais) qui représente l'évolution de la trésorerie d'une période à l'autre. Ne pas confondre non plus le flux de trésorerie et le résultat d'une entreprise car, on l'a vu et on le verra encore, l'un est un simple constat alors que l'autre est issu de calculs qui, sauf cas particulier, conduisent à des montants différents.

Le bilan de la Commune à la fin de la première année permet de récapituler toutes ces transactions. A l'actif, celle-ci possède désormais le puits acheté 9000 MdA et 100 sacs de sel pour 1000 MdA. Pour s'acquitter de ses achats, la Commune a recouru à de l'émission monétaire.

Bilan de la Commune en fin de première année

(en Jetons EdA, devenus des MdA)

Débits		*Crédits*	
Valeur du puits	9000	Emission de monnaie	10000
Sacs de sel	1000		
TOTAL EMPLOIS (ACTIF)	10000	TOTAL RESSOURCES (PASSIF)	10000

Quant à la banque BDD, les fonds propres (au passif) constitués par les apports de Mr Fortune correspondent (à l'actif) aux 500 MdA de sacs de sel et aux 1000 jetons en trésorerie.

Bilan de la BDD en fin de première année
(avant mise en place du prêt à Souf Junior)

(en Jetons EdA, devenus des MdA)

Débits		*Crédits*	
Valeur des sacs de sel	500	Fonds propres Mr Fortune	1500
		Profits (pertes)	0
Jetons en caisse	1000	Dépots individuels	0
TOTAL EMPLOIS (ACTIF)	1500	TOTAL RESSOURCES (PASSIF)	1500

EN RESUME :

Aguad à la fin de la première année

A la fin de la première année, Aguad a réussi à mettre en place toutes les bases de son futur développement même si les activités économiques sont encore largement à créer et développer.

Il s'agit tout d'abord de la Commune, ébauche d'un organe souverain qui agit d'une part comme Institut d'émission de la monnaie, détenteur des réserves nécessaires et, d'autre part, comme propriétaire-exploitant du puits, à même de régler les litiges sur l'accès à la ressource essentielle qu'est l'eau dans le désert.

En contrepartie, la société des Eaux d'Aguad (EDA), première structure privée d'Aguad, a accepté de voir son activité se réduire à la simple exploitation du puits par concession de service public. Mais EdA détient à la suite de la vente du puits à la Commune une trésorerie importante avec ses 9000 MdA en caisse.

Le Magasin, qui pour le moment est en situation de monopole de fait, a constitué ses premiers stocks pour une ouverture en tout début d'année 2.

La Banque pour le Développement du Désert (BDD) est dûment constituée et est donc en situation de passer à la phase opérationnelle elle aussi en tout début d'année 2.

Même si l'activité ***opérationnelle*** a été limitée cette première année aux 200 jetons de profits d'EdA pour l'exploitation du puits, les nombreuses opérations ***patrimoniales*** constitutives des piliers du fonctionnement futur d'Aguad sont maintenant réalisées.

Les valeurs attribuées aux différentes possessions des acteurs d'Aguad, appelés aussi ***« Agents économiques »***, toutes exprimées en MdA quelle qu'en soit leur nature, peuvent être présentées de façon synthétique :

Possessions des différents acteurs d'Aguad à la fin de la première année

(en MdA - ex "Jetons EdA")

	EdA	Magasin	BDD	Commune	Aguad
Puits				9000	**9000**
Stocks		200	500	1000	**1700**
Créances d'exploitation	200				**200**
Disponibilités	9000		1000		**10000**
(Dettes d'exploitation)		-200			**-200**
TOTAL	**9200**	**0**	**1500**	**10000**	**20700**

Face à ces possessions (ces ***actifs nets***) d'un total de 20700 MdA, l'origine des fonds est constituée de la valeur initiale du puits (12000 MdA), de l'émission monétaire (10000

MdA) et de l'apport de Mr Fortune (1500 MdA), soit un total 23500 MdA pour Aguad.

L'écart de - 2800 MdA entre la valorisation des actifs et l'origine des fonds correspond bien aux résultats enregistrés à Aguad la première année (perte sur cession du puits par EdA à la Commune pour -3000 MdA partiellement compensée par les +200 MdA de profits d'exploitation d'EDA).

Merveille de la comptabilité !

DEUXIEME PARTIE

Des fruits de la croissance dès la deuxième année

Chapitre 1 : La rentabilité de la Société des Eaux d'Aguad (EdA) après la cession du puits à la Commune

A la suite de la cession du puits à la Commune, la société se trouve avoir une trésorerie très élevée mais un objet social, c'est-à-dire un domaine d'activité propre, beaucoup plus réduit. Sans grand calcul, il est clair que la seule activité de maintien du puits en condition opérationnelle ne nécessite pas de grande réserve de trésorerie puisqu'aussi bien les dépenses que les recettes sont régulières.

Comme le fait d'accumuler de l'argent dans les caisses de la Société ne présente pas d'intérêt particulier, les propriétaires d'EdA devront donc choisir entre :

- Le placement des fonds de la Société, par exemple à la Banque pour le Développement du Désert (BDD) dès qu'ils seront « en confiance ». Mais bloquer des fonds n'a de sens que si une rémunération satisfaisante est proposée.
- L'investissement d'EdA dans de nouvelles activités. Mais on a vu que les associés étaient réticents à se lancer dans de nouvelles aventures comme le projet de palmeraie.
- Le remboursement de la trésorerie excédentaire par rapport à ce qui est nécessaire pour l'exécution de son contrat aux Associés en proportion de leurs parts. Comme il n'est pas possible de distribuer des dividendes supérieurs

aux profits comptabilisés, cela suppose un accord collectif pour réduire le capital de la société. Sans cet accord, EdA ne peut donc distribuer qu'au maximum 200 MdA issus des profits passés.

Prudemment, il est décidé de donner la priorité à la bonne gestion de l'activité relative au puits et de placer les fonds excédentaires à court terme seulement, de façon à laisser ouvertes toutes les possibilités. La Banque pour le Développement du Désert (BDD) s'étant maintenant bien implantée à Aguad, il est décidé d'y déposer 7000 MdA sur des placements à court terme qui ne rapporteront que 0,5 % l'an comme contrepartie du blocage des fonds. C'est mieux que rien, prudent vis-à-vis du risque de vol, et cela permet tout de même de conserver en trésorerie disponible un volant de 2000 MdA en début d'année auquel s'ajouteront au fur et à mesure les flux de trésorerie issus de l'activité de la société.

Le contrat de concession de service public avec la Commune prévoit une exclusivité de longue durée mais sous réserve d'un fonctionnement ouvert aux utilisateurs 7 jours sur 7 et de 6h à 20h. Et dans un contrat, c'est bien connu, ce qui est un peu difficile à accepter, on le trouve toujours dans les annexes ou les petites lignes ! Oui bien sûr, la rémunération annuelle est forfaitaire mais elle peut être réduite par des pénalités en cas de défaillance « ponctuelle » par rapport à l'ensemble du cahier des charges (taux réel de disponibilité ou autre disposition prévue). Par exemple, le temps maximal de fermeture complémentaire pour des interventions de maintenance plus lourdes est plafonné à 5% du temps d'ouverture du puits au public et ces fermetures ponctuelles sont à annoncer avec anticipation sous peine de pénalités. Plus gravement encore, le contrat peut être rompu en cas de défaillances répétées.

Concrètement, cela signifie que les revenus ne sont pas garantis en cas de problème d'exploitation et qu'une bonne planification des interventions est nécessaire.

Raisonnablement et prudemment, après une analyse des exigences détaillées dans le contrat, les dirigeants d'EdA concluent qu'en moyenne les pénalités de toutes origines pourront monter jusqu'à 10% des revenus attendus. Le revenu annuel à espérer ne sera donc probablement que de 450 MdA au lieu du montant contractuel de 500 MdA.

Concernant les coûts d'exploitation, les coûts fixes (Salaires de gardiennage, ….) sont assez limités et estimés annuellement à 200 MdA et mais les coûts externes (relatifs aux interventions lourdes) pourront être extrêmement variables et élevés. Seule l'expérience permettra de correctement les évaluer mais il faut bien commencer et EdA les estime à 100 MdA annuels. Et enfin, il ne faut pas oublier que, dans quelques années, il y aura certainement des interventions non prévues au contrat mais à réaliser quand même en raison du vieillissement des installations. Il est décidé prudemment de se protéger pour le futur, en créant une ***provision*** pour ce risque estimé à 150 MdA.

Mais, heureusement, il aussi est convenu qu'EdA aura l'exclusivité des travaux neufs de modernisation et d'extension du puits. Le prix de vente de ses prestations inclura une marge de 10% au-delà des coûts constatés. C'est ainsi que, dès cette deuxième année, il faut créer les adaptations des canalisations pour permettre à la palmeraie de s'installer. Un accord est trouvé pour un montant de 400 MdA correspondant à des coûts salariaux complémentaires de 250 MdA, des achats divers pour 110 MdA et à 40 MdA de ***marge*** (10% du prix de vente comme convenu).

La marge est la différence entre le prix de vente et le prix « de revient », c'est-à-dire l'ensemble des coûts nécessaires à engager pour réaliser le produit ou la prestation vendue. Lorsqu'on souhaite exprimer cette marge en pourcentage, l'usage est toujours de la rapporter au prix de vente et non au prix de revient. En effet, le mot de marge s'applique aussi bien pour un contrat pris isolément que pour l'analyse des résultats globaux d'une entreprise où elle est toujours exprimée en pourcentage du prix de vente ou du chiffre d'affaires, voire de l'ensemble des produits d'exploitation.

Pour calculer le prix de vente « PV » à proposer pour un contrat à partir du prix de revient « PR » et en appliquant la marge du contrat « %MC », il convient donc de calculer PV = PR / (1-%MC). Dans notre histoire on a bien 400 MdA = 360 MdA / (1-10%).

Enfin, pour éviter les confusions, le coefficient PV / PR reste un coefficient qui n'est jamais appelé Marge (en anglais aussi, on parle de Mark-up et non de Margin).

Si tout se réalise comme prévu, le résultat d'exploitation annuel sera donc constitué de 850 MdA de produits (450 pour la maintenance et 400 pour les travaux neufs) et 660 MdA de charges (300 pour la pure maintenance et 360 pour les travaux neufs). Le résultat de 190 MdA (plus de 20% des revenus, ce qui est une belle performance) sera toutefois d'un côté réduit de 150 MdA en raison de la création d'une provision pour risque de travaux imprévus, mais de l'autre augmenté de 35 MdA par les produits financiers issus du placement des disponibilités à la banque (7000 MdA à 0,5 % l'an).

La présentation traditionnelle ci-dessous, dite des comptes en T, du profit final de 75 MdA est organisée pour décrire les différentes charges et les différents produits selon leur nature.

Compte de résultats d'EdA la deuxième année

en MdA

Débits		*Crédits*	
Achats (non récurrents)	210	Produits d'exploitation	850
		Dont	
Salaires (frais fixes)	450	*Redevances Concession*	*500*
		Pénalités	*-50*
		Travaux neufs	*400*
Dotation provision	150	Produits financiers	35
TOTAL CHARGES	810	TOTAL PRODUITS	885
PROFITS	**75**	**PERTES**	
TOTAUX	885	TOTAUX	885

Mais on voit bien qu'un tel tableau ne permet pas de mettre en évidence comment le profit final s'est constitué. C'est la raison pour laquelle on lui préfère une présentation algébrique des mêmes chiffres. Sur une même colonne, les produits sont pris en positif et les charges en négatif ce qui permet de présenter des sous-totaux appelés ***Soldes intermédiaires de Gestion.***

Soldes intermédiaires de gestion d'EdA
Deuxième année

	en MdA
Chiffre d'affaires	850
Variation de stocks de produits	
Autres produits d'exploitation	
Total Chiffre d'affaires et autres produits	**850**
Achats externes	-210
Valeur ajoutée	**640**
En % du CA et autres produits	***75%***
Salaires	-450
Dotation aux amortissements	
Dotation provision pour risque	-150
Résultat d'exploitation	**40**
En % du CA et autres produits	***5%***
Produits financiers	35
Résultat net	**75**

Les deux principaux sous-totaux que sont la ***valeur ajoutée*** et le ***résultat d'exploitation*** exprimés en % du Chiffre d'affaires et autres produits sont particulièrement scrutés car ils montrent les caractéristiques du domaine d'activité et la performance de l'année. Pour EdA, la valeur ajoutée est particulièrement élevée car les activités de maintenance sont peu consommatrices d'achats externes à l'entreprise mais le résultat d'exploitation de 5 % seulement est pénalisé par la constitution d'une provision pour risque.

Le résultat net positif de 75 MdA se retrouve bien validé, comme il se doit, dans la comparaison ci-après des bilans d'EDA entre celui à fin d'année 2 et celui à fin d'année 1.

A l'actif :

Actif du Bilan d'EdA à la fin de l'année 2
(comparé à fin d'année 1)

en MdA

Débits

	A fin		
	2	1	Var.
Valeur de la marchandise *(due par Souf)*		200	-200
Placements financiers	7000		7000
Jetons MdA disponibles	2425	9000	-6575
TOTAL EMPLOIS (ACTIF)	9425	9200	**225**

La trésorerie (y compris placements financiers) augmente de 425 MdA entre l'année 1 et l'année 2 dont 200 MdA grâce au paiement par le Magasin de Souf de sa dette de fin d'année 1. Il reste donc 225 MdA d'augmentation dont il convient de comprendre l'origine.

L'évolution du passif permet d'éclairer cette augmentation de 225 MdA. Il s'agit de l'impact du profit de 75 MdA en l'année 2 complété des 150 MdA issus de la constitution d'une provision pour risque (sans décaissement associé par conséquent).

Passif du Bilan d'EdA à la fin de l'année 2 (comparé à fin d'année 1)

en MdA

Crédits

	A fin d'année		
	2	1	Var.
Droits des associés	9200	12000	-2800
Dont			
Capital nominal	*12000*	12000	0
Report résultats antérieurs	*-2800*		-2800
Profits (pertes) de la période	75	-2800	2875
Provision pour risque	150		150
TOTAL RESSOURCES (PASSIF)	9425	9200	225

Une analyse aussi simple des évolutions n'est possible que parce que flux financiers relatifs à l'exploitation courante d'EdA ne font pas apparaître de nouveaux décalages de trésorerie (c'est-à-dire de nouvelles créances ou dettes d'exploitation au bilan). En effet, le contrat de maintenance avec la Commune comporte des échéances de paiement régulières et les coûts sont essentiellement des salaires payables mensuellement. Par ailleurs, compte tenu de l'urgence, les travaux d'extension pour la palmeraie ont été réalisés en 6 mois seulement et payés dans l'année.

Chapitre 2 : Le succès du Magasin

Dès le jour d'ouverture, c'est l'affluence car, grâce aux nombreuses caravanes qui viennent à Aguad depuis la création du puits, les pasteurs des environs veulent acheter du sel et d'autres produits. Le « hic », c'est qu'ils veulent tous payer en moutons qui est souvent leur seule richesse. Il faut donc que Souf accepte d'acheter des moutons et établisse une ***valeur d'échange*** entre les moutons et le sel. Les premières transactions montrent que les pasteurs sont prêts à céder un mouton contre 10 sacs de sel, c'est-à-dire 100 MdA puisque 10 MdA sont échangeables contre 1 sac de sel.

Le deuxième problème, c'est que certains ne veulent qu'un ou deux sacs de sel et on ne voit pas bien comment couper un mouton en 5 ou 10 parties ! Souf propose donc que le pasteur qui ne veut acheter qu'un sac de sel laisse un mouton vivant (non coupé en morceaux !) et de lui rendre 90 MdA. Le pasteur n'est pas d'accord car il va repartir dans la steppe où il n'aura rien à acheter avec ses jetons MdA. Y aura-t-il d'autres marchandises à Aguad quand il reviendra dans un mois ? Souf, lui jure qu'il n'y aura pas de difficultés, mais le pasteur n'est pas assez confiant. Souf lui répète « pas de problème ! les caravaniers auront toujours besoin de jetons MdA pour consommer de l'eau ! ». Finaud, le pasteur est finalement d'accord en espérant que la prochaine fois il pourra obtenir 1 sac de sel contre 9 MdA seulement en traitant directement avec des caravaniers.

Malheureusement pour lui, dès sa première tentative, il essuie un refus. Comme les caravaniers sont certains d'obtenir 10 jetons pour un sac de sel auprès de la Commune, ils ne voient pas pourquoi ils baisseraient le prix pour le pasteur !

L'intérêt des pasteurs est ainsi de vendre leurs moutons en acceptant la nouvelle monnaie d'échange. La valeur d'un jeton exprimée en nombre de sacs de sel est en train de se stabiliser au prix auquel la Commune (qui est l'***émetteur*** des jetons MdA) achète le sel, c'est-à-dire 10 jetons par sac. C'est cet équilibre en train de s'établir qui renforce la confiance dans la monnaie, sa « solidité ».

En revanche, la demande pour les dattes est très supérieure à ce que les caravaniers peuvent fournir. En attendant que la nouvelle palmeraie soit en pleine production Souf choisit de vendre les dattes à 5 kg pour un sac de sel soit 2 MdA par kg.

Durant la deuxième année, il a vendu 50 sacs de sel (dont les 15 qu'il a achetés à EdA en fin de première année), au prix coûtant de façon à éviter que les clients n'aillent directement les acheter aux caravaniers. Cela fait 50 fois 10 MdA, soit 500 MdA. Il a aussi vendu 200 Kg de dattes (dont les 50 Kg achetées à EdA en fin d'année 1) à 2 MdA le kg, soit 400 MdA. Au total, les ventes se sont donc élevées à 900 MdA.

La demande d'eau a été telle que la Commune a pu fournir au magasin des quantités élevées de marchandises. C'est ainsi que les achats du magasin auprès de la Commune cette deuxième année se sont élevées à 45 sacs de sel et à 170 kg de dattes. En valeur, à 10 MdA le sac, le prix auquel il les achète et les revend, le sel lui coûte 450 MdA et à 1 MdA le kg, comme la première année, les dattes lui reviennent à 170 MdA, soit un total d'achats de 620 MdA.

Souf est heureux car ces approvisionnements lui permettent de garder un stock de marchandises en fin d'année et donc de préparer l'année suivante. En effet, pour sel, la somme des achats de 45 sacs et du stock de 15 sacs en fin d'année précédente est supérieure aux ventes de 50 sacs dans l'année. Souf a donc un stock de 10 sacs de sel en fin d'année. De même, concernant les dattes, le stock en fin d'année est de 20 kg (achats de 170 kg plus stock initial de 50 kg supérieurs aux ventes de 200 kg dans l'année).

En valeur, ce stock de marchandises en fin d'année 2 est de 100 MdA pour les sacs de sel et de 20 MdA (au prix d'achat de 1 MdA le kg et non au prix de vente bien sûr !) pour les dattes, soit 120 MdA au total. Comparé au stock de 200 MdA en fin d'année précédente, ce stock est en diminution de 80 MdA.

Mais il a été obligé d'accepter de prendre en plus 1 mouton pour l'équivalent de 100 MdA (faisant ainsi passer le total des achats de 620 à 720 MdA) et, le temps passant, pour éviter de tout perdre, il a accepté de le revendre à 80 MdA seulement, ce qui conduit à un chiffre d'affaires global pour le magasin de 980 MdA.

Si le lecteur n'a peut-être pas encore mal au crâne, Souf lui n'en peut plus ! Toute cette gestion devient bien trop compliquée pour lui mais c'est la rançon du succès du magasin. Et il est absolument nécessaire de s'en occuper avec précision pour éviter de lourdes déconvenues. Souf décide donc d'embaucher un salarié pour l'aider, ce qui représente un coût annuel de 100 MdA mais permettra de continuer à faire croître l'activité du magasin.

Il devient difficile de présenter l'état de santé du magasin à la fin de la deuxième année sans passer par des calculs détaillés. Intuitivement, on sent bien que la valeur ajoutée du magasin reste faible pour chaque transaction puisque les biens sont revendus en l'état. Mais, même d'un montant unitaire faible, le résultat d'exploitation de l'ensemble est certainement très positif, grâce aux volumes élevés de l'activité. Voyons un peu tout ça :

Soldes intermédiaires de gestion du Magasin
Deuxième année

	en MdA
Chiffre d'affaires	980
Autres produits d'exploitation	
Total Chiffre d'affaires et autres produits	**980**
Achats externes	-720
Variation de stocks de marchandises	-80
Valeur ajoutée	**180**
En % du CA et autres produits	***18%***
Salaires	-100
Dotation aux amortissements	
Dotation provision pour risque	
Résultat d'exploitation	**80**
En % du CA et autres produits	***8%***
Produits financiers	
Résultat net	**80**

Les soldes intermédiaires de gestion montrent une structure radicalement différente de celle d'EdA car la valeur ajoutée est ici très faible à 18%. Ceci est dû au fait que le Magasin écoule le sel à prix coûtant et a accepté de revendre le mouton à 80 % de son prix d'achat. Seules les dattes ont un taux de profit élevé.

Après prise en compte du salaire de l'employé, le résultat d'exploitation se trouve réduit à 80 MdA soit 8% tout de même du chiffre d'affaires.

Les bilans comparatifs à fin d'année 2 et 1 sont les suivants :

Bilan du Magasin à la fin de l'année 2 (comparé à fin d'année 1)

(en MdA)

Débits	A fin 2	A fin 1	Var.	*Crédits*	A fin 2	A fin 1	Var.
Stocks de marchandises	120	200	-80	Capital et report à nouveau			
				Profits (pertes) de la période	80		80
Participation dans DNA	200		200	Dettes auprès d'EdA		200	-200
Jetons en caisse	60		60	Dettes auprès de la Commune	300		300
TOTAL EMPLOIS (ACTIF)	380	200	180	TOTAL RESSOURCES (PASSIF)	380	200	180

Tout d'abord, au passif, on constate le fait que le magasin a dû rembourser à EdA sa dette de 200 MdA de fin d'année 1 et comme la Commune, qui remplace désormais EdA en tant que fournisseur du magasin, a accepté de proroger le principe du crédit de 6 mois sur les achats du Magasin, une nouvelle dette s'est créée. Son montant s'est établi à 300 MdA et correspond aux achats du magasin durant la deuxième partie de l'année. Ces conditions favorables de paiement ont donc apporté une trésorerie complémentaire de 100 MdA (300 – 200 MdA) dans l'année alors que, dans le même temps, le besoin de financement du stock se réduisait de 80 MdA. Additionnée au résultat d'exploitation de 80 MdA aussi, la trésorerie générée en année 2 a donc été au total de 260 MdA (100+80+80), ce qui est beaucoup.

En résumé, il faut donc se souvenir que l'activité de négoce génère peu de valeur ajoutée et nécessite un contrôle de gestion efficace. En revanche, le fait qu'en principe les clients payent comptant alors que le Magasin achète à crédit est un avantage permanent par rapport à d'autres activités économiques.

Cet avantage a en particulier permis à Souf d'honorer via le magasin (dont il est le propriétaire unique) son engagement de prendre la participation de 200 MdA convenue dans le capital de la palmeraie que son fils lance cette deuxième année sous le nom de DNA, tout en laissant encore 60 MdA en caisse. Cette prise de participation financière dans une autre société (à l'actif du bilan) est neutre pour les résultats du magasin car, comme on dit, « ce n'est pas de l'argent perdu », c'est un investissement dont la rentabilité sera à suivre les années suivantes.

Prudence tout de même :

Tout ne sera parfaitement cohérent que si les jetons qui apparaissent être en caisse dans le bilan à la fin de l'année 2 sont bien réels, car leur nombre est calculé comme étant le solde des diverses transactions qui ont été réalisées. Et, de même, les quantités de marchandises en stock en fin d'année 2 (qui ont permis de valoriser le stock) sont aussi issues d'un calcul : achats plus quantités en stock à la fin de la première année moins les ventes de la deuxième année.

Ce « recomptage physique » régulier des différents actifs de l'entreprise pour vérifier que la réalité ne diffère pas des calculs s'appelle l'inventaire, toujours fastidieux mais si nécessaire !

Chapitre 3 : Le lancement de la palmeraie : Pas de financement sans « Business Plan » rentable, avec des hypothèses précises et crédibles

La gestion du puits et celle du magasin semblent donc se mettre en route sans difficulté majeure. En revanche, pendant ce temps-là, le fils de Souf (Souf Junior), qui souhaite se lancer dans la création d'une palmeraie en profitant de l'eau d'Aguad, se débat dans des difficultés d'un autre genre.

Souf a pris l'engagement d'entrer dans le capital de cette nouvelle société en deux ans et pour un montant total de 1200 MdA. Il pense que ce sera une affaire rentable pour son fils, et pour lui-même au passage, mais il sait aussi que son investissement financier ne lui rapportera rien tant que la palmeraie n'aura pas fait de profits supérieurs aux pertes inévitables des premières années.

Ce capital (fonds propres) ne sera peut-être pas suffisant et Souf Junior devra emprunter. La Banque pour le Développement du Désert (BDD) n'a à ce stade donné qu'un avis favorable de principe à un prêt, d'un montant maximal de 800 MdA et sous réserve d'une analyse prospective détaillée, le fameux « ***Business Plan*** ». Souf Junior a compris à demi-mots que les intérêts à verser seront assez élevés, à 6% annuellement du montant restant dû ce qui (si on a l'esprit positif !) est finalement un encouragement à bien gérer et à n'emprunter que le strict minimum nécessaire.

Les investissements à réaliser pour créer la palmeraie se limitent à 1000 MdA de plants à acheter entre la première et la deuxième année. Même avec des pertes d'exploitation au début, il imagine que « ça devrait rouler ! Peut-être même sans emprunt…. A moins qu'il y ait quelque chose qui cloche dans les calculs ? »

Comme Souf Junior n'est pas à l'aise dans les domaines économique et financier, il va voir son père qui s'est plutôt bien débrouillé jusque-là. Tous les deux se mettent à travailler d'arrache-pied sur les documents et les formulaires que Mr Prêt a fournis pour que Souf Junior les remplisse et les joigne à sa demande de prêt.

Ils découvrent très vite que la difficulté n'est pas tellement de remplir toutes les cases prévues mais d'arriver à y inscrire quelque chose de sensé ! On a envie de rappeler la formule célèbre de Pierre Dac : « Les prévisions sont difficiles, surtout lorsqu'elles concernent l'avenir ».

Allez courage, commençons par les ventes espérées, année après année. Comme il faut un minimum de 3 ans pour commencer la commercialisation des dattes, tous les espoirs résident, au début de l'exploitation, dans la culture de tomates et de quelques légumes divers qui profiteront de l'eau indispensable pour la palmeraie. Ils prévoient même, tant la croissance de la palmeraie nécessite du temps, que le chiffre d'affaires des dattes ne représente qu'à peine plus de la moitié du total des ventes à l'horizon de 7 ans.

Voici les hypothèses de Souf Junior :

DNA - Plan de ventes

En MdA Année	1	2	3	4	5	6	7	8
Dattes								
Quantités (Kg)				80	180	280	350	500
Prix de vente unitaire moyen				2,0	2,0	1,8	1,5	1,4
Chiffre d'Affaires				**160**	**360**	**504**	**525**	**700**
Taux de croissance annuel					*125%*	*40%*	*4%*	*33%*
Tomates								
Quantités (Kg)		300	600	800	800	800	800	800
Prix de vente unitaire moyen		0,5	0,5	0,5	0,5	0,5	0,5	0,5
Chiffre d'Affaires		**150**	**300**	**400**	**400**	**400**	**400**	**400**
Taux de croissance annuel			*100%*	*33%*				
Autres productions								
Quantités (Kg)		150	200	200	200	200	200	200
Prix de vente unitaire moyen		0,2	0,2	0,2	0,2	0,2	0,2	0,2
Chiffre d'Affaires		**30**	**40**	**40**	**40**	**40**	**40**	**40**
Taux de croissance annuel			*33%*					
TOTAL CHIFFRE D'AFFAIRES		**180**	**340**	**600**	**800**	**944**	**965**	**1 140**
Taux de croissance annuel			*89%*	*76%*	*33%*	*18%*	*2%*	*18%*

Compte tenu de ces espoirs de croissance rapide de l'activité, la production doit se situer à un niveau un peu plus élevé que le plan de ventes pour créer et maintenir un stock de précaution. Celui-ci sera utile pour assurer la continuité d'exploitation en cas d'éventuelles difficultés de production ou de très forte demande ponctuelle. Souf Junior retient comme objectif que le stock de précaution à la fin de chaque année soit de 10% du chiffre d'affaires réalisé cette même année et calcule ainsi son augmentation nécessaire d'une année à l'autre.

En complément du chiffre d'affaires, l'augmentation de ce stock (en valeur) fait partie de l'ensemble des ***produits***

d'exploitation, représentatifs du niveau d'activité (de production) de l'entreprise. Le total des produits d'exploitation est ainsi la référence (le dénominateur) utile pour exprimer la performance de l'exploitation en pourcentage du niveau d'activité (de production).

Il faut maintenant estimer prudemment les coûts annuels d'exploitation. Le coût d'usage du puits correspond au contrat avec la Commune. En revanche, il est assez difficile d'y voir clair sur les autres achats externes avant d'avoir du recul sur plusieurs années. Mais il faut avancer et Souf Junior prend pour hypothèse qu'ils correspondront globalement à 20% des produits d'exploitation.

Un premier tableau de synthèse permet de comprendre l'évolution de la valeur ajoutée :

DNA - COMPTE DE RESULTATS

En MdA Année	1	2	3	4	5	6	7	8
Chiffre d'affaires		**180**	**340**	**600**	**800**	**944**	**965**	**1 140**
Taux de croissance annuel			*89%*	*76%*	*33%*	*18%*	*2%*	*18%*
Variation des stocks		*18*	*16*	*26*	*20*	*14*	*2*	*18*
Produits d'exploitation		***198***	***356***	***626***	***820***	***958***	***967***	***1158***
Usage du puits		-183	-365	-365	-365	-365	-365	-365
Achats et charges externes		-40	-71	-125	-164	-192	-193	-232
Valeur ajoutée		**-25**	**-80**	**136**	**291**	**402**	**409**	**561**
% des produits d'exploitation		*-12%*	*-23%*	*22%*	*35%*	*42%*	*42%*	*48%*

Forcément négative au début, on voit que la valeur ajoutée pourra atteindre près de 50% des produits d'exploitation, ce qui paraît être un objectif raisonnable mais nécessaire quand on sait combien le travail de la terre est dur et souvent aléatoire.

Mais pour en arriver là, il faut maintenant intégrer les coûts internes de la production, coût des employés, amortissement des plantations et intérêts de l'emprunt.

Pour réaliser le travail, il pense qu'un employé suffira au début, puis deux seront nécessaires et même trois lorsque la palmeraie sera en pleine production. Il évalue la rémunération annuelle nécessaire pour fidéliser des employés de qualité (c'est à dire lui-même au moins au début car il sera le premier employé) Souf Junior retient une rémunération annuelle de 120 MdA, nettement supérieure à celle de la personne qui s'occupe de la gestion du magasin de son père.

L'acquisition des plants de palmiers coûtera au total 1000 MdA (dont 400 MdA engagés immédiatement) mais les arbres produiront au moins pendant une vingtaine d'années. Les résultats économiques de la palmeraie n'ont donc pas à inclure d'un coup cet investissement mais seulement son amortissement sur 20 ans, soit 50 MdA par an. La première année toutefois, les ***amortissements*** ne seront relatifs qu'aux premiers investissements de 400 MdA et à constater sur 6 mois d'activité, soit 10 MdA seulement.

La notion d'amortissement est nécessaire pour appréhender le coût d'usage d'un investissement sur plusieurs années. En effet, prendre en charge la totalité de l'investissement l'année de son acquisition n'a aucun sens économique puisqu'il reste utile pendant de nombreuses années. L'amortissement est souvent, comme ici, calculé linéairement par simplification mais il est possible de choisir une autre règle qui paraît plus adaptée, sous réserve de s'y tenir année après année. De même, les durées d'amortissement sont assez librement choisies.

Grâce à l'amortissement, l'évolution du résultat d'exploitation est plus linéaire et représentative de l'évolution de l'activité économique ; c'est son but en considérant un coût d'usage. En revanche, on verra que cela ne change rien aux flux de trésorerie qui restent le juge de paix final.

Enfin, le résultat financier correspond aux intérêts sur l'emprunt nécessaire à contracter (et à eux seuls, indépendamment du rythme de remboursement de l'emprunt lui-même). Le montant de cet emprunt ne peut être vraiment fixé qu'à l'issue de tous les calculs mais la suite des calculs doit nécessairement intégrer la charge d'intérêt. On retrouve encore ici l'histoire de la poule et l'œuf ! La poule pond l'œuf mais il ne peut y avoir de poule sans œuf. Oublions les nombreuses ratures de Souf Junior avant d'en finir et intégrons les frais financiers sur la base du montant finalement demandé. A noter aussi le fait que la charge d'intérêts diminue au fil du temps car le prêt est remboursé progressivement sur 10 ans par annuités constantes. Le calcul détaillé est heureusement fourni par la banque.

Il est maintenant possible de résumer tout ceci dans un compte de résultats complet :

DNA - COMPTE DE RESULTATS

En MdA Année	1	2	3	4	5	6	7	8
Chiffre d'affaires		**180**	**340**	**600**	**800**	**944**	**965**	**1 140**
Taux de croissance annuel			*89%*	*76%*	*33%*	*18%*	*2%*	*18%*
Variation des stocks		*18*	*16*	*26*	*20*	*14*	*2*	*18*
Produits d'exploitation		***198***	***356***	***626***	***820***	***958***	***967***	***1158***
Usage du puits		-183	-365	-365	-365	-365	-365	-365
Achats et charges externes		-40	-71	-125	-164	-192	-193	-232
Valeur ajoutée		**-25**	**-80**	**136**	**291**	**402**	**409**	**561**
% des produits d'exploitation		*-12%*	*-23%*	*22%*	*35%*	*42%*	*42%*	*48%*
Coût des employés		-60	-120	-120	-240	-240	-240	-360
Amortissement de la plantation		-10	-50	-50	-50	-50	-50	-50
Résultat d'exploitation		**-95**	**-250**	**-34**	**1**	**112**	**119**	**151**
% des produits d'exploitation		*-48%*	*-70%*	*-5%*	*0%*	*12%*	*12%*	*13%*
Résultat financier		-17	-30	-27	-24	-21	-18	-15
Impôt sur les sociétés								
RESULTAT NET		**-112**	**-280**	**-61**	**-23**	**91**	**101**	**136**
							>> Résultat net cumulé:	***-149***

Le résultat d'exploitation n'atteint l'équilibre que la cinquième année d'exploitation seulement mais se stabilise au-delà au niveau appréciable d'un profit de 13% des produits d'exploitation.

En raison de cette montée en puissance forcément très lente d'une exploitation agricole, de la charge des intérêts sur l'emprunt et malgré l'absence d'impôts sur les sociétés à Aguad, les pertes initiales ne sont pas encore compensées à la fin de l'année 8 par les profits ultérieurs et le cumul des résultats nets est encore de -149 MdA. Le « retour sur investissement » n'est décidemment pas très rapide.

Et Souf Junior n'est pas encore au bout de ses peines car il comprend que les formulaires de Mr Prêt sont prévus pour intégrer plusieurs autres éléments de son plan avant de finaliser sa demande de financement !

En effet, comme on sème toujours avant de récolter, il est important de comprendre que le besoin de financement ne doit pas seulement tenir compte des ***investissements*** (ici le prix des plantations) et des pertes d'exploitation des premières années. Il doit aussi tenir compte de ce qu'on appelle le ***Besoin en Fonds de Roulement (BFR),*** une découverte pour Souf Junior, et qui risque bien d'augmenter encore le besoin de financement !

En effet, d'un côté les produits de la palmeraie seront vendus « en gros » et ne seront donc payés qu'avec un certain retard et, de plus, il faudra en produire un peu plus que les ventes pour constituer un stock de sécurité qui sera lui aussi à financer. Une compensation partielle proviendra du fait qu'un certain nombre d'achats nécessaires à l'exploitation ne seront eux aussi décaissés qu'avec décalage dans le temps.

Le tableau ci-dessous présente la modélisation de Souf Junior sur ce sujet qui est essentiel. En raison de la croissance de l'activité, il ressort une augmentation année après année de son Besoin en Fonds de Roulement, qui est la synthèse de l'effet net des différents décalages de paiement défavorables et favorables. Le besoin complémentaire de financement dû à la constitution fonds de roulement nécessaire représente pour lui en moyenne 25 % des produits de l'exploitation annuels. Ce pourcentage peut paraître élevé mais il est tout à fait réaliste et cela fait donc 200 à 300 MdA de financement complémentaire à trouver !

DNA - EVOLUTION DU BESOIN EN FONDS DE ROULEMENT (B.F.R.)

En MdA Année	1	2	3	4	5	6	7	8
Chiffres d'affaires (CA)		180	340	600	800	944	965	1 140
Moins encaissements:		-144	-308	-548	-760	-915	-961	-1 105
(hyp: 20% du CA glisse sur N+1)								
>> CA non encaissé		**36**	**32**	**52**	**40**	**29**	**4**	**35**
>> Constitution de stocks		**18**	**16**	**26**	**20**	**14**	**2**	**18**
Achats et charges externes		-40	-71	-125	-164	-192	-193	-232
Moins décaissements:		32	65	114	156	186	193	224
(hyp: 20% payés en N+1)								
>> achats non décaissés		**-8**	**-6**	**-11**	**-8**	**-6**	**0**	**-8**
(Nb: l'eau et les employés sont payés comptant)								
AUGM. / (DIM.) DU B. F. R.		**46**	**42**	**67**	**52**	**38**	**6**	**45**
B. F. R. en fin d'année		**46**	**88**	**155**	**207**	**245**	**251**	**296**
% des produits d'exploitation		*23%*	*25%*	*25%*	*25%*	*26%*	*26%*	*26%*

Il est maintenant possible d'établir le tableau de flux de trésorerie opérationnel :

DNA - FLUX DE TRESORERIE (cash-flow) OPERATIONNEL

En MdA Année		1	2	3	4	5	6	7	8
RESULTAT NET			**-112**	**-280**	**-61**	**-23**	**91**	**101**	**136**
+ amortissements			10	50	50	50	50	50	50
- Coût plantation immobilisé			**-400**	**-600**					
- Variation du B.F. R.			-46	-42	-67	-52	-38	-6	-45
FLUX DE TRESORERIE	ANNUEL		**-548**	**-872**	**-78**	**-25**	**103**	**145**	**141**
OPERATIONNEL	CUMUL		**-548**	**-1 420**	**-1 498**	**-1 523**	**-1 420**	**-1 275**	**-1 134**

A partir de la courbe du résultat net qui progresse de façon assez « lissée », il convient d'éliminer les amortissements qui y sont inclus, car ceux-ci sont issus d'un calcul (voir supra) et ne sont pas des décaissements. Le décaissement réel correspondant, c'est l'investissement dans la plantation de 1000 MdA (400 puis 600) qui est réalisé les deux premières années. Enfin, le résultat net n'inclut pas non plus le besoin de trésorerie pour permettre la constitution progressive du fonds de roulement décrit plus haut et il faut donc intégrer la variation annuelle de ce besoin en fonds de roulement. Tout ceci creuse donc fortement la courbe du flux de trésorerie opérationnel.

Ainsi, alors que le résultat cumulé à la fin de l'année 8 est proche de l'équilibre, le besoin de financement est encore de plus de 1000 MdA après un pic à 1500 MdA environ. Et ce pic incontournable, c'est bien le montant à financer. Mais au moins grâce à cette modélisation on y voit clair sur les fonds ***« à lever »*** en capital apporté (fonds propres) et en emprunt bancaire.

Souf Junior a donc besoin d'au moins 1500 MdA mais heureusement, grâce à l'apport de 1200 MdA en capital de son père, le niveau d'emprunt restera raisonnable. A la réflexion, vu les risques et les incertitudes, il décide de prendre une prudence complémentaire de 200 MdA, soit un besoin de 1700 MdA au total. Il faut donc emprunter 500 MdA à la banque.

Le plan de financement peut maintenant être bouclé et soumis à Mr Prêt :

DNA - PLAN DE FINANCEMENT

En MdA — Année	1	2	3	4	5	6	7	8
FLUX DE TRESORERIE OPERATIONNEL		**-548**	**-872**	**-78**	**-25**	**103**	**145**	**141**
+ Apports en capital		**200**	**1 000**					
- Dividendes versés								
+ Nouveaux emprunts		**500**						
- Remboursement emprunts		-16	-36	-39	-42	-45	-48	-51
VAR. DE TRESORERIE NETTE		**136**	**92**	**-117**	**-67**	**58**	**97**	**90**
Trésorerie fin de période		***136***	***228***	***111***	***44***	***102***	***199***	**289**

Mr Prêt pourra donc, à la lecture de tous ces documents, voir évoluer année par année la substance de la société à laquelle il va prêter ainsi que le poids de ce prêt dans l'ensemble du financement. Il se conforte à l'avance sur le côté limité du risque de non-remboursement, qui est l'angoisse de tout prêteur, car il peut voir aussi que le flux de trésorerie opérationnel de la palmeraie (appelé aussi *l'**autofinancement***) est positif à partir de l'année 6. Et tout ceci sans même prendre en compte la valeur de revente éventuelle de la palmeraie elle-même, une garantie complémentaire qui sera incluse dans le contrat.

Mr Prêt voit aussi que les apports en capital ont permis de limiter le prêt à un montant inférieur au maximum de 800 MdA qu'il s'était fixé. Il est donc convaincu et il donne l'accord formel de la Banque pour le Développement du Désert (BDD). Souf Junior peut commencer à planter.

Chapitre 4 : La Banque pour le Développement du Désert (BDD) devient à la fois une banque « de dépôts » et une banque « d'affaires »

La BDD exerce une profession « de confiance » aussi bien vis-à-vis des déposants que des autorités publiques comme la Commune. En émettant de la monnaie auprès de la BDD (en échange de sacs de sel pour constituer un stock de sécurité dès la première année), la Commune, institut émetteur, a en quelque sorte « accrédité » la BDD. C'est la raison pour laquelle EdA, réticent la première année, a accepté de bloquer 7000 MdA de sa trésorerie pour un an en la déposant à la BDD avec une rémunération faible de 35 MdA.

Mais l'objectif d'une banque n'est pas de thésauriser des liquidités. C'est de rechercher des placements ou des prêts dans des domaines plus risqués mais susceptibles de fournir une rémunération élevée, supérieure à ses propres coûts de rémunération et de gestion des fonds reçus en dépôt.

C'est le cas du prêt à DNA qui rapporte 6% d'intérêts, courus sur 6 mois seulement en année 2, soit 17 MdA.

Au-delà, au cours de l'année 2 qui n'est que la première année de fonctionnement opérationnel et malgré l'embauche d'un employé aux écritures pour soulager Mr Prêt (qui est lui aussi un salarié de la Banque), la BDD n'a réussi à investir que 5000 MdA (face aux 7000 MdA de dépôts reçus), dans des prêts à long terme auprès d'autres clients. L'ensemble de ces prêts a permis de percevoir 200 MdA d'intérêts. Avec 4% du volume prêté, la performance est tout à fait acceptable car la mise en place des prêts s'est échelonnée tout au long de l'année.

Le compte de résultats de la deuxième année est le suivant :

Soldes intermédiaires de gestion de la BDD
Deuxième année

	en MdA
Produit bancaire	217
Total Produit bancaire	**217**
Intérêts versés, commissions, ...	-35
Produit Net Bancaire (Valeur ajoutée)	**182**
En % du Produit bancaire	***84%***
Salaires	-200
Dotation aux amortissements	
Dotation provision pour risque	
Résultat d'exploitation	**-18**
En % du Produit bancaire	***-8%***
Résultat net	**-18**

Le produit bancaire (le chiffre d'affaires d'une banque) de 217 MdA correspond aux intérêts sur le prêt à DNA et sur les autres prêts consentis en année 2. La rémunération du dépôt d'EdA de 35 MdA est une charge d'exploitation pour une banque (contrairement aux autres types d'entreprise pour lesquelles ce serait une charge financière hors exploitation) et est donc déduite pour dégager le Produit net bancaire (équivalent à la valeur ajoutée pour une banque). Celui-ci, à 182 MdA, n'est pas suffisant pour couvrir les salaires et la banque est donc en perte de -18 MdA.

Le bilan n'est pas satisfaisant non plus puisque la part des fonds propres demeure insuffisante pour une banque.

Actif du Bilan de la BDD à la fin de l'année 2 (comparé à fin d'année 1)

en MdA

Débits

	A fin		
	2	1	Var.
Valeur des sacs de sel	500	500	0
Prêt à DNA	484		484
Autres prêts divers	5000		5000
Jetons en caisse	2498	1000	1498
TOTAL EMPLOIS (ACTIF)	8482	1500	6982

A l'actif, avec plus de 2000 MdA en caisse, la solvabilité apparaît bonne à fin d'année 2 malgré les engagements souscrits.

Néanmoins, c'est le passif qu'il faut regarder pour vérifier la solidité de la Banque.

Passif du Bilan de la BDD à la fin de l'année 2 (comparé à fin d'année 1)

en MdA

Crédits

	A fin		
	2	1	Var.
Fonds propres Mr Fortune	1500	1500	0
Profits (pertes) de la période	-18		-18
Dépots reçus (d'EdA)	7000		7000
TOTAL RESSOURCES (PASSIF)	8482	1500	6982

On constate le fait que les fonds propres sont très faibles par rapport aux dépôts qui sont remboursables. Que se passerait-il par exemple si EdA voulait retirer l'ensemble de ses fonds (7000 MdA) lorsqu'elle pourra les débloquer ?

La Banque pour le Développement du Désert (BDD) n'est donc pas encore arrivée à maturité en fin d'année 2.

Chapitre 5 : Et les résultats de la Commune dans tout ça ?

La Commune, qui est une collectivité publique, ne serait pas obligée de publier un Bilan en France, selon nos règles actuelles, contrairement à l'obligation qui est faite pour les sociétés privées. Elle ne publierait que ses flux de trésorerie.

En année 2, ceux-ci sont constitués :

- des encaissements de 320 MdA en provenance du Magasin (Sur un total annuel de 620 MdA correspondant à la vente à ce dernier de sacs de sel et de dattes reçues en paiement de droit à l'usage du puits, 320 MdA l'ont été au premier semestre et ont donc été réglés et 300 MdA restent en dette du magasin en raison du délai contractuel de paiement de 6 mois).

A noter le fait que les dettes du magasin en fin d'année 1 sont remboursées à EdA et non à la Commune car il n'y a pas eu de transfert de la propriété de celles-ci.

- des encaissements de 183 MdA en provenance de DNA (pour l'usage de l'eau par la palmeraie).

- des décaissements vers EdA de 450 MdA (pénalités déduites) pour la maintenance.

- des décaissements de 400 MdA payés aussi à EdA pour les travaux neufs.

Enfin bien sûr, il faut aussi prendre en compte le paiement des dépenses de fonctionnement propres de la Commune. Ces dépenses se sont élevées à 100 MdA. Comme elles correspondent uniquement à des salaires, elles ont donc été payées sans décalage temporel.

La Commune publiera donc seulement son ***déficit budgétaire*** de -447 MdA qui représente l'insuffisance des encaissements par rapport aux décaissements (+320+183-450-400-100). Ce déficit étant couvert par la Commune elle-même en tant qu'Institut d'émission monétaire, une émission monétaire nette de 447 MdA apparaît donc et la ***masse monétaire*** en circulation, qui était de 10000 MdA en fin d'année 1 devient 10447 MdA, soit une augmentation raisonnable de 4,5%.

Faut-il s'inquiéter de ce déficit ? Rien n'indique dans ce décompte « à la Prévert » l'origine du problème ni même si c'en est un ! Si la Commune était soumise aux règles de comptabilité des sociétés, elle mesurerait son résultat, c'est-à-dire la différence entre produits et charges. Et l'on découvrirait qu'elle a, au contraire, réalisé un bénéfice de +63 MdA (!).

Ce n'est pas un tour de prestidigitation. Simplement, en repartant du déficit budgétaire de -447 MdA, il faut :

- ajouter en produits les 300 MdA qui sont dus par le magasin même s'ils n'ont pas encore été payés, car c'est une créance certaine.

- remplacer le coût des 400 MdA de travaux neufs qui sont un ***investissement*** par la charge d'amortissement sur la durée d'usage estimée de 20 ans (soit 20 MdA par an mais seulement 10 MdA en année 2 car la réalisation est intervenue à mi-année). En net, l'impact est favorable de 390 MdA.

En revanche, il faut prendre en compte l'amortissement du puits lui-même, d'une valeur de 9000 MdA et utilisé sur l'ensemble de l'année. En estimant à 50 ans la durée d'usage, c'est donc une charge de 180 MdA.

La notion d'investissement, déjà présentée dans le cadre du business plan de la palmeraie, prend ici tout son relief. En effet, autant le coût de maintenance est une charge annuelle, autant les 400 MdA de travaux neufs augmentent la valeur globale du puits car il s'agit d'extensions, à amortir donc sur la durée de vie « économique ».

En revanche, concernant le puits lui-même, on pourrait considérer que le contrat de maintenance permet de maintenir la valeur de l'investissement initial. Pourtant, un jour il faudra bien engager des travaux lourds, non compris dans le forfait d'entretien payé à EdA, pour qu'il puisse continuer à fonctionner. En pratiquant un amortissement sur une longue période (ici 50 ans), on rend ainsi « linéaire » cette érosion inéluctable.

Les années avec un fort investissement, le résultat par rapport aux simples flux de trésorerie peut être globalement plus favorable (c'est le cas ici). Mais les années avec peu ou pas d'investissement, le résultat comptable sera inférieur aux flux de trésorerie.

…/…

… / …

Ainsi, sur une longue période, on fait apparaître la tendance de façon réaliste et prudente.

Si le montant des nouveaux investissements reste durablement supérieur aux amortissements, c'est le reflet d'une phase d'expansion. Inversement, il y a « désinvestissement » progressif. Un bon thermomètre !

Le calcul est correct, en intégrant ces 3 corrections qui sont légitimes, le résultat est bien un profit de +63 MdA (-447+300+390-180) malgré le déficit de trésorerie de -447 MdA !

Les ***paradoxes*** créés par la différence entre le droit public qui ne regarde que les flux de trésorerie et la comptabilité de droit privé qui est fondée sur les transferts de propriété (des engagements donc) sont permanents et conduisent à bien des incompréhensions.

Pour éviter ces paradoxes, et souvent sur le plan politique pour montrer que les déficits budgétaires sont surtout liés à des dépenses « d'avenir », des tentatives de présentation des comptes publics selon les règles de la comptabilité privée ont été entreprises.

… /…

.../...

Une des difficultés, outre le poids des habitudes, est de correctement valoriser les actifs des Organismes Publics.

On le voit ici : concernant la juste valeur nette du puits au bilan, il est difficile d'assurer que celui-ci pourrait effectivement être revendu au moins à la valeur inscrite, faute d'un véritable « marché » pour ce genre de biens « uniques ».

Or, c'est en général le propre des Organismes Publics d'acquérir de tels biens pour des raisons comme celles décrites dans notre récit.

La notion de déficit « structurel », qui vise quant à elle à éliminer des dépenses « conjoncturelles », car résorbables avec le retour de la croissance à son niveau dit « potentiel », est maintenant en usage au sein de l'Union Européenne mais, là aussi, la notion semble se heurter à bien des difficultés et pressions diverses.

Grâce à la simulation complète des comptes de la Commune en « droit privé », présentée ci-après, il devient possible de bien visualiser les composantes de l'activité de la Commune.

Compte de résultats de la Commune la deuxième année

en MdA

Débits		*Crédits*		
Coût de la concession	450	Chiffre d'affaires		1423
(net des pénalités)		*dont production d'eau payée en:*		
Déstockage sel et dattes	620	*sacs de sel et dattes*	*620*	
		Jetons MdA (DNA)	*183*	
Salaires (frais fixes)	100	*dont revente au Magasin:*	*620*	
Dot. amortissements	190	Produits financiers		
TOTAL CHARGES	1360	TOTAL PRODUITS		1423
PROFITS	**63**	**PERTES**		
TOTAUX	1423	TOTAUX		1423

Le chiffre d'affaires est composé des redevances d'usage de l'eau payées en nature ou en MdA ainsi que du produit de la revente des sacs de sel et des dattes au Magasin. Les sacs de sel et les dattes reçus pour un montant total de 620 MdA constituent un stock, propriété de la Commune puis cédé totalement au Magasin. Ce déstockage est un coût au débit du compte de résultat face au produit de la revente au magasin inscrit au crédit, ce qui rend cette transaction neutre en termes de résultats puisque celle-ci est réalisée à la valeur de l'échange initial.

Les autres charges concernent le coût net de la concession, les salaires et les travaux neufs via la dotation aux amortissements de l'année.

Dans le tableau des soldes intermédiaires de gestion, la valeur ajoutée de la Commune ressort à un niveau assez faible, exprimée en pourcentage du chiffre d'affaires et autres produits.

SOLDES INTERMEDIAIRES DE GESTION DE LA COMMUNE
Deuxième année

	en MdA
Chiffre d'affaires	1423
Variation de stocks de produits	
Autres produits d'exploitation	
Total Chiffre d'affaires et autres produits	**1423**
Achats externes	-1070
Valeur ajoutée	**353**
En % du CA et autres produits	***25%***
Salaires	-100
Dotation aux amortissements	-190
Dotation provision pour risque	
Résultat d'exploitation	**63**
En % du CA et autres produits	***4%***
Produits financiers	0
Résultat net	**63**

Ceci est principalement dû au double mouvement d'achat en nature et puis revente du sel et des dattes au magasin à la même valeur qui gonfle le montant du dénominateur dans ce calcul de pourcentage.

L'évolution de l'actif du bilan de la Commune est le suivant :

Actif du Bilan de la Commune à la fin de l'année 2 (comparé à fin d'année 1)

en MdA

Débits

	A fin d'année		
	2	1	Var.
Valeur du puits	8820	9000	-180
(Nets des amortissements)			
Travaux neufs année 2	390		390
(Nets des amortissements)			
Stocks			
Réserve de sacs de sel	1000	1000	0
Sacs de sel et dattes reçues	620		620
Sacs de sel et dattes déstockées	-620		-620
Créance sur le Magasin	300		300
TOTAL EMPLOIS (ACTIF)	10510	10000	510

La dotation aux amortissements vient réduire la valeur du puits de 180 MdA et des travaux neufs de l'année apparaissent en net à 390 MdA pour une valeur brute de 400 MdA.

La réserve de sel en stock est inchangée d'une année à l'autre. Les autres mouvements de stock de l'année s'annulent par l'effet de la revente au Magasin. Le crédit de paiement de 300 MdA en faveur de ce dernier complète l'actif.

Au passif :

Passif du Bilan de la Commune à la fin de l'année 2 (comparé à fin d'année 1)

en MdA

Crédits

	A fin d'année		
	2	1	Var.
Emission de monnaie	10447	10000	**447**
Dont			
Emission monétaire brute	*10630*	10000	630
Jetons MdA en caisse	*-183*		-183
Profits (pertes) de la période	**63**		63
TOTAL RESSOURCES (PASSIF)	10510	10000	510

Les jetons MdA en caisse issus de la redevance pour usage de l'eau de la palmeraie de 183 MdA, sont ici présentés en diminution de passif (alors qu'ils sont par nature un actif mais, algébriquement, cela revient au même) de façon à faire ressortir l'émission monétaire nette de l'année.

Celle-ci ressort bien à 447 MdA, montant du déficit budgétaire de la commune en année 2.

Quant au profit comptable de 63 MdA, qui équilibre le bilan, il est bien égal au solde du compte de résultats.

EN RESUME :

Aguad à la fin de la deuxième année

L'analyse des activités de chacun des acteurs du développement d'Aguad en cette deuxième année donne l'impression d'une forte croissance qui a dû créer une plus grande richesse globale. Mais comment la mesurer ?

La multiplication des échanges croisés entre la Commune et EdA d'une part et le Magasin d'autre part, ainsi qu'entre la Banque et EdA et DNA, mais aussi avec de plus en plus d'autres acteurs, enlève désormais tout sens économique à l'addition arithmétique des actifs et des passifs de chacun. Une véritable « consolidation comptable » nécessiterait en effet d'éliminer ces actifs et les passifs croisés (une créance pour l'un est une dette pour l'autre) qui n'ont pas de valeur au niveau d'Aguad pris globalement. Ce travail, déjà fastidieux avec un nombre d'acteurs limité, devient très vite impossible.

De même, l'addition simple des chiffres d'affaires présentés aux chapitres précédents conduit à des montants faramineux qui ne sont plus représentatifs du niveau d'activité réel car les échanges entre les différents acteurs se multiplient.

Pour s'en convaincre, le tableau suivant est éloquent :

Synthèse Aguad année 2: Chiffre d'affaires et autres produits

en MdA	TOTAL	Elimination des ventes à: Magasin	DNA	Commune	EXTERNE
EdA	850			-850	0
Magasin	980				980
DNA	198				198
Banque BDD	217		-17		200
Commune	1423	-620	-183		620
TOTAL AGUAD	**3668**	**-620**	**-200**	**-850**	**1998**

Doit-on considérer que la vraie « richesse » créée à Aguad est le total de 3668 MdA ou le seul chiffre d'affaires « externe » considérablement plus faible ? L'évaluation va du simple au double et aucun des deux montants ne reflète la réalité économique. Clairement, le chiffre d'affaires total de la Commune n'a pas de sens en raison des marchandises cédées au Magasin qui gonflent les chiffres. Et inversement, dans l'évaluation « consolidée », l'activité d'EdA est entièrement neutralisée car elle est totalement réalisée avec des contrats passés avec la Commune. Pourtant, EdA contribue à la création de richesse.

C'est pourquoi, la notion de valeur ajoutée (le chiffre d'affaires diminué des achats externes à l'entreprise) que nous avons vu apparaître dans les tableaux de Soldes Intermédiaires de Gestion de chacune des entités d'Aguad est beaucoup plus pertinente pour l'évaluation de la marche des affaires.

La valeur ajoutée a pour premier mérite de pouvoir être appréhendée par simple addition des chiffres apparaissant dans les tableaux (obligatoires de nos jours) publiés par chacun des acteurs.

Et surtout, elle mesure la valeur nette des biens et services vendus et achetés telle que constatée en comptabilité. Qu'elle soit juste, équitable ou spéculative, la valeur des biens et services au prix constaté dans des transactions réelles est un indicateur précieux et son évolution dans le temps très utile. Au niveau d'un agrégat assez vaste, par exemple, la ville d'Aguad prise dans son ensemble, la somme des valeurs ajoutées de chacune des entités qui opèrent sur son territoire prend le nom de ***Produit Intérieur Brut,*** le fameux ***PIB***.

Synthèse Aguad année 2: Valeur Ajoutée (P.I.B.)

en MdA	**Chiffre d'affaires** *(et autres pdts)*	**Achats Externes**	**Valeur Ajoutée (P.I.B.)**	***En % du C.A.***
EdA	850	-210	640	***75%***
Magasin	980	-800	180	***18%***
DNA	198	-223	-25	***n.s.***
Banque BDD	217	-35	182	***84%***
Commune	1423	-1070	353	***25%***
S/Total	3668	-2338	1330	
Eliminations intra-périmètre	-1670	1670	0	
Total Net	**1998**	**-668**	**1330**	***67%***

Ce PIB n'est donc ni égal à 3668 MdA qui est la somme des chiffres d'affaires et autres produits de la communauté des

« ***agents économiques*** » d'Aguad, ni égal à 1998 MdA après élimination des chiffres d'affaires entre agents (car ce n'est pas une richesse créée pour la Communauté) mais à **1330 MdA** seulement. Ceci est dû au fait que pour réaliser les 1998 MdA, des achats extérieurs ont été nécessaires.

Cette notion de PIB est très critiquée en raison de son caractère très réducteur car elle n'intègre que les flux économiques qui ont une contrepartie monétaire. Or, par exemple, la richesse globale créée n'est pas moindre lorsqu'un agriculteur consomme sa propre production sans passer par la vente sur un marché.

Mais, plus gravement, le PIB n'enregistre pas la dégradation de l'environnement puisqu'on ne comptabilise pas l'effet du réchauffement climatique, de la réduction de la biodiversité ... Avec, par exemple, les tentatives de taxation du carbone on voit que cela évolue, mais tellement lentement par rapport à l'urgence. Les initiatives pour tenter de quantifier l'impact négatif sur l'environnement à intégrer dans le calcul du PIB n'ont pas abouti à ce jour et il reste prudemment appelé par les économistes une « externalité négative ».

Néanmoins, la mesure du PIB reste un incontournable car son calcul est issu de données comptables limitées mais fiables et sa variation s'accompagne de nombreuses conséquences, le niveau des recettes fiscales en particulier.

Au total, par rapport aux 200 MdA de valeur ajoutée (et donc de PIB) en année 1, la croissance est spectaculaire. Elle a été portée tout d'abord par EdA qui a réalisé des travaux d'infrastructure en complément de ses activités de maintenance. Le magasin contribue plus modestement malgré son succès. L'activité de la palmeraie n'est pas encore significative car elle est en phase de démarrage. De même, le produit net bancaire de la Banque ressort encore à un niveau relativement limité. En revanche, la Commune qui depuis l'achat du puits dispose d'une rente sur la production de l'eau génère une assez forte valeur ajoutée.

Le PIB de la communauté d'Aguad représente donc le « gâteau » à partager entre ceux qui l'ont constitué une fois déduits les achats externes (par rapport au périmètre analysé). Il se compose des salaires, des amortissements des investissements, des provisions pour risques et charges et du résultat (ou excédent brut) d'exploitation.

Synthèse Aguad année 2: Composition de la Valeur Ajoutée

en MdA	**VALEUR AJOUTEE / PIB**	**Dont**			**RESULTAT EXPLOI-TATION**
		Salaires	**Amortissts**	**Provisions**	
EdA	640	450		150	40
Magasin	180	100			80
DNA	-25	60	10		-95
Banque BDD	182	200			-18
Commune	353	100	190		63
TOTAL AGUAD	**1330**	**910**	**200**	**150**	**70**
En %	***100%***	***68,4%***	***15,0%***	***11,3%***	***5,3%***

Ce dernier, une fois déduits les charges financières et l'impôt sur les sociétés éventuels, sera le ***profit net (ou la perte !)*** qui revient aux propriétaires de chacune des entreprises ou aux citoyens dans le cas de la commune pour (espérons !) en réinjecter une bonne partie dans le circuit économique.

Ici, les salaires représentent 68 % de la valeur ajoutée, les amortissements et provisions pèsent pour 26 % et le résultat d'exploitation ressort à 5 %. Ces proportions et leurs évolutions sont très importantes à suivre car elles reflètent l'organisation de la ville dans son ensemble.

Le PIB est donc aussi la mesure indispensable pour approcher la notion de gain de ***<u>productivité</u>*** à l'échelle macro-économique. Ce terme peut être défini simplement comme la variation du PIB « par tête » d'une période à l'autre (après élimination de l'inflation monétaire). Si la croissance de la population est de 1% annuellement et la croissance du PIB de 1% aussi, il n'y a pas de gain de productivité globale. Les gains de productivité proviennent donc des progrès techniques dans les structures de production, eux-mêmes issus des efforts de recherche, d'amélioration des qualifications et des organisations, ...

En fait, comme le mot productivité est souvent connoté assez négativement, il vaudrait mieux parler d'efficacité globale.

Le mot de productivité reste empreint des excès du « taylorisme » dénoncés brillamment par Charlie Chaplin dans Les Temps Modernes. L'ingénieur américain Taylor avait en effet convaincu les industriels au début du XXème siècle de découper le travail en taches élémentaires très simples pour que l'ouvrier les réalise rapidement et correctement même sans formation.

Il faut bien se rappeler que la productivité en Europe n'évoluait pas jusqu'à la révolution industrielle au tournant des 18 et 19 ème siècles. C'est-à-dire que le « niveau de vie moyen » de la population n'avait quasiment pas progressé. Depuis, les auteurs évaluent approximativement que la productivité a progressé de 1 à 1,5 % annuellement (c'est-à-dire un triplement en un siècle) grâce aux différents progrès techniques intervenus. Mais ceux-ci se sont eux-mêmes appuyés sur l'exploitation de ressources non renouvelables (comme le charbon ou le pétrole) avec l'effet que l'on sait maintenant sur le réchauffement climatique.

… / …

… / …

Cette évolution moyenne de la productivité d'ensemble reste toutefois bien inférieure aux attentes des détenteurs de capitaux et ceux-ci ont historiquement fréquemment obtenu une croissance bien supérieure de leurs revenus.

C'est ce partage inégal du « gâteau » du PIB, souvent argumenté à partir des « risques » plus grands que prend l'investisseur en capital, qui rend le sujet sensible (cf Thomas Piketti Le Capital au 21ème siècle 2013) mais ne remet pas a priori en question la nécessité de l'existence du « gâteau » lui-même.

La notion de valeur ajoutée (et donc de PIB malgré ses limites de calcul) n'entre donc généralement pas dans le champ des batailles idéologiques qui se centrent plutôt sur ce qui fait le Capitalisme. Les termes inégaux du partage de la valeur ajoutée entre l'apporteur de capital et l'apporteur de travail ont été la thèse centrale de Karl Marx et le système économique dans lequel il vivait au milieu du 19ème siècle est à la base de sa description du Capitalisme.

Il a popularisé le terme alors que les auteurs traditionnels préféraient décrire les moyens d'augmenter « La richesse des nations » (titre du livre d'Adam Smith 1776) et de développer le « doux commerce » (Montesquieu 1748) en s'appuyant sur le « laisser faire, laisser passer » (V. de Gournay 1752).

… / …

… / …

Pourtant, le Capitalisme de marché, qui suppose comme son nom l'indique l'investissement d'un capital financier dans le négoce de biens sur un marché où les échanges sont libres, a existé de longue date. En Chine et en Orient avec les routes de la soie et le commerce des épices, puis aussi en Europe dès le Moyen Age avec l'apparition des grandes foires en Champagne en particulier et plus tard avec les grandes découvertes du 16ème siècle qui ont permis le pillage de l'or et de l'argent. Il faut néanmoins garder à l'esprit qu'il ne touchait qu'une infime partie de la population, qui vivait alors essentiellement dans les campagnes. Il s'agissait souvent de négociants qui avaient la surface financière et les relais locaux nécessaires pour organiser des commerces lointains (cf Fernand Braudel La dynamique du capitalisme 1977). De ce point de vue, les vendeurs d'habits ou d'autres biens utiles dans les bourgs, qui ont eux-aussi toujours existé, n'ont jamais été considérés comme des capitalistes.

En revanche, ce qui est encore relativement nouveau à l'époque de Marx, c'est la généralisation du salariat, contrat par lequel une personne met à disposition sa force de travail et ses compétences en échange d'un salaire. On évoque en général à ce propos la privatisation des « enclosures » (sortes de terrains communaux sur lesquels des paysans sans terre survivaient jusqu'au milieu du 18ème siècle) en Angleterre. *… / …*

…/…

Celle privatisation a créé une première main d'œuvre nombreuse qui a trouvé un gagne-pain dans les industries naissantes (filatures, …). Alors que jusque-là, les activités de production « industrielles » (par opposition à artisanales) étaient en général un complément de revenus payé « à la pièce » sur place, ces premiers salariés mal payés furent de plus en plus fréquemment regroupés sur le lieu de production, créant ce que Marx appelle la classe prolétarienne. Après l'Angleterre, la première révolution industrielle a fait émerger le salariat en Europe.

Dès l'origine donc, le salariat est synonyme d'échange biaisé en raison d'un rapport de force favorable à l'employeur, entendu comme le capitaliste.

Aujourd'hui encore, même si l'équilibre des relations sociales s'est nettement amélioré par rapport au 19ème siècle dans les pays développés, il demeure que le salariat est la forme dominante des contrats de travail et que les conditions de rémunération sont en balance entre non seulement les qualifications mais aussi les conditions de l'offre et de la demande (le risque de chômage d'un côté et de l'autre, en Europe surtout, une certaine sécurité).

Après les « trente glorieuses » de la période de reconstruction d'après deuxième guerre mondiale,

…./…

…/…

les termes de l'emploi dans les pays développés se sont de nouveau dégradés pour les salariés sans expertises pointues et utilisables immédiatement. La part des salaires dans la valeur ajoutée s'est nettement réduite depuis les années 1980 avec les réformes dites « Thatcher Reagan », gouvernants de l'époque au Royaume Uni et aux USA.

L'argument de la compétition exacerbée dans le cadre de la mondialisation des échanges, qui bénéficie par ailleurs à une partie de la population des pays plus pauvres, n'en est pas la seule cause et la « religion » du moins d'état et moins de contraintes pour les capitaux y est aussi pour beaucoup.

Les risques de conflits dus à la stagnation des revenus des classes moyennes avec de moins en moins de sécurité d'emploi alors que les revenus et le patrimoine des très riches s'envolent posent question, y compris même au sein de la communauté des économistes réputés modérés comme Patrick Artus (cf 40 ans d'austérité salariale 2020) ou Joseph Stiglitz (Cf Peuple, Pouvoir et Profits 2019), qui préconisent un rééquilibrage progressif du partage de la valeur ajoutée.

…/…

… / …

Concilier la nécessité de création d'une véritable valeur ajoutée, qui limite au plus vite son impact sur la planète, et de son juste partage entre d'un côté la rémunération du travail (salariat ou autre forme) et le réinvestissement dans l'entreprise (y compris effort de recherche et développement et de formation) et, de l'autre, la rémunération du capital investi reste le grand défi.

TROISIEME PARTIE

Ces années suivantes qui restaient à écrire……

Comme un organisme vivant dont les cellules se divisent pour mieux se recombiner, le tissu économique d'Aguad, encore embryonnaire, va devoir se développer pour atteindre l'âge adulte. Mais, à quelle taille, avec quelle évolution du PIB, avec quel impact sur l'environnement ?

Les politiques publiques « macro-économiques » peuvent influer sur son développement mais celui-ci reste avant tout intimement lié à la qualité de chacune des décisions « micro-économiques ». Ces choix seront influencés par toutes sortes de pressions, ce qui rend d'autant plus nécessaire de les éclairer à l'avance sous un angle économique et financier.

Chapitre 1 : Un peu de méthodologie….

La méthodologie, souvent intuitive, repose tout d'abord sur une prise de recul de façon à correctement évaluer les risques et menaces qui pèsent sur l'entité (Entreprises, Banque, Commune…) mais aussi les forces de celle-ci et les opportunités qui peuvent se présenter. Les objectifs à assez long terme doivent rester compatibles avec ces risques et opportunités. Comme le vocabulaire guerrier est toujours à la mode, on parle d'objectifs stratégiques récapitulés dans le « Plan Stratégique ».

Puis il faut les décliner et les quantifier au moins sur les quelques prochaines années. C'est le processus d'élaboration du fameux business plan qui a été exigé par la banque à Souf Junior. Il est l'outil indispensable à utiliser pour modéliser les options structurantes (lancement d'un nouveau produit par exemple).

Mais souvent également, la bonne gestion repose sur la capacité à faire fructifier année après année un fonds de commerce, dans la continuité et sans erreur de gestion. La qualité de cette gestion reposera sur la capacité à établir des objectifs concrets à relativement court terme (souvent un an suffit) et à mesurer si et comment le chemin tracé avec précision est suivi avec succès. C'est le domaine des Budgets et des Tableaux de Bord qui permettent un contrôle efficace de la gestion.

Puis, et c'est aussi essentiel dans le monde commercial où s'élaborent les devis et des tarifs, l'évaluation de la profitabilité de tel contrat ou telle gamme de produits passera par de lourds travaux d'analyse pour prévoir finement revenus et coûts associés. Peu de survie pour ceux qui ne se fient qu'à leur propre intuition !

Enfin, l'optimisation du fameux besoin en fonds de roulement, qui passe par la relance des clients en retard de paiement, par l'évaluation correcte des niveaux de stocks nécessaires, mais aussi par le bon choix des investissements en moyens de production et plus généralement la bonne gestion financière de la trésorerie sont autant d'autres clés du succès. En effet, même si l'on comprend facilement que le résultat net de l'activité, s'il est positif, deviendra bien un flux de trésorerie lui aussi positif un jour, ce jour peut être lointain, trop lointain (!), si l'on n'y prend pas garde.

Donc si, même transitoirement, ce flux reste défavorable, une nouvelle levée de fonds sera nécessaire. La confiance des investisseurs devra alors être au rendez-vous car plane le risque de ***faillite*** (qui est définie comme l'impossibilité d'honorer ses dettes à l'échéance, même si celles-ci pourraient être apurées par des recettes futures attendues). Tout le monde n'est pas Amazon ou Tesla (pendant longtemps), ni une des pépites de l'économie « numérique » d'aujourd'hui pour laquelle les pertes d'exploitation répétitives semblent avoir peu d'impact sur la valorisation.

Mais on n'en est pas encore là à Aguad et les choix à faire sont plus classiques !

Chapitre 2 : Quels choix possibles pour les agents économiques d'Aguad ?

DNA (La palmeraie)

C'est en apparence le cas le plus simple à analyser. Le potentiel de vente des dattes est certain et le chemin est tracé dans le business plan. Le plus difficile a été de convaincre les investisseurs, mais c'est parti. Evidemment, comme toujours dans l'agriculture, la rentabilité est liée à des prix de vente qui ne sont pas fixés, ou à tout le moins influencés, par le producteur. Qu'une surproduction, même temporaire, apparaisse et le prix au kilogramme des dattes peut fortement baisser.

Mais la véritable contrainte concerne l'irrigation de la palmeraie qui reste et restera tributaire de la tarification par la Commune. A moins que le fameux « progrès technique » ne change la donne !

Une idée pourrait être d'augmenter fortement la production grâce à une irrigation beaucoup plus forte que ce que le seul puits d'Aguad peut fournir. En creusant, peut-être même pourrait-on enterrer suffisamment les palmiers pour que leurs racines accèdent directement à la nappe phréatique ? Il y a des endroits dans le désert où c'est possible. Mais la nappe phréatique pourrait-elle se régénérer suffisamment si les prélèvements sont trop importants ?

EdA (Eaux d'Aguad)

Cela avait déjà été évoqué, EdA arrive à un carrefour. Les fondateurs ont travaillé dur pour créer ce puits dont l'eau est et restera la principale ressource d'Aguad. Ils ont réussi à rester ensemble dans la gestion de la société et ce front uni leur a permis de céder à un prix très correct le puits à la Commune tout en gardant une source de revenus réguliers. Ils sont désormais riches, mais les 7000 MdA déposés à la Banque pour le Développement du Désert (BDD) restent un pis-aller et des décisions stratégiques sont maintenant à prendre à court terme. Selon que la majorité des fondateurs restent aujourd'hui encore des « investisseurs » ou tendent à devenir des « ***rentiers*** », l'optique sera bien différente.

Car les « rentiers » ne souhaiteront rester dans la société que pour bénéficier des profits de l'activité industrielle qui doit rester la plus stable et pérenne possible.

La rente peut se définir comme un revenu garanti sans risque, ce qui est en général une situation « de fait ». On parle donc par extension de rente quand le revenu régulier prévu a peu de chances de disparaître, sans pour autant nécessiter de grosses dépenses pour le maintenir.

Dans des conditions de concurrence « parfaite » cet effet de rente ne peut pas exister durablement pour une entreprise.

.../...

…/…

Mais en pratique, des barrières non monétaires (réglementaires, absence de standardisation, brevets, …) permettent à certaines entreprises de bénéficier de ce que, dans différents écrits, Joseph Stiglitz, prix Nobel d'économie, appelle un « surprofit ».

En effet, périodiquement, les marges d'exploitation des entreprises qui sont distribuées à leurs propriétaires sont fortement réduites en raison de la concrétisation des risques pris (mauvaise météo dans l'agriculture, erreurs de fabrication, …).

Or, comme pour ces entreprises « rentières » il n'y a pas de pression concurrentielle sur les prix alors que les risques industriels initiaux n'existent plus, un taux de profit dit « normal » pour rémunérer les risques pris devient un « surprofit » dès que les pertes initiales ont été comblées. Les exemples sont nombreux, comme le logiciel Windows une fois sa part de marché dominante établie, les sociétés d'autoroute……

Joseph Stiglitz voit dans la résurgence de ces « surprofits » dans le monde un des principaux maux actuels à traiter.

En revanche, les « investisseurs prudents » pourraient être tentés par l'opportunité de convertir tout ou partie des dépôts d'EdA à la Banque pour le Développement du Désert (BDD) en une part du capital de celle-ci.

Si Mr Fortune est d'accord pour partager le pouvoir, cela permettrait à la banque d'améliorer son point faible qui est le manque de fonds propres. Et pour les propriétaires d'EdA, investir via leur participation au capital de la banque permet un accès à l'analyse et au suivi des dossiers.

Enfin, s'agissant des « investisseurs audacieux », on a vu avec le cas de DNA qu'il n'y avait pas au sein d'EdA de majorité possible. Il faut donc qu'ils se retirent d'EdA.

Mais, pour compliquer le tout, il faut bien reconnaître que les « investisseurs » sont aussi intéressés par la rente que procure EdA !

Il parait logique de commencer par distribuer régulièrement des dividendes significatifs aux associés, ce qui donne un volant de liberté financière à chacun. Par exemple, Souf pourra plus facilement assurer le financement des 1200 MdA à investir dans DNA. En parallèle, il faut valider avec Mr Fortune jusqu'à quel pourcentage il acceptera de réduire sa part dans le capital de la Banque, ce qui détermine le montant qui peut être investi par EdA dans celui-ci.

Par ailleurs, cette rente qui fait que tous les associés restent attachés à l'activité industrielle ne sera probablement pas éternelle. En effet, si EdA reste avec la Commune comme client unique, la perspective d'une renégociation à la baisse du prix du contrat de maintenance et d'une mise en concurrence pour les travaux neufs est une véritable « épée de Damoclès ».

Avant qu'il ne soit trop tard, ne faut-il pas qu'EdA, fort de ses références à Aguad, postule sur des gros marchés de génie civil dans d'autres villes ?

Comme cela était prévisible, il n'y a pas de majorité claire qui se dégage et le projet est repoussé. Il l'est probablement parce que beaucoup des propriétaires d'EdA se considèrent comme suffisamment influents au sein de la Commune pour écarter les dangers, et puis peut-être aussi parce que la maxime « un bon tiens vaut mieux que deux tu l'auras » les confortent dans leur attitude de rentiers.

L'incertitude du futur est vue en économie au travers de l'analyse de la « prime de risque » nécessaire pour privilégier les profits à attendre d'un investissement incertain aux seuls intérêts que procurent un placement sans risque de type « caisse d'épargne ».

Les analyses savantes visant à rationaliser le calcul du pourcentage de « prime de risque » raisonnable à ajouter aux taux d'intérêt « sans risque » de référence n'étant pas concluantes, la pratique traditionnelle est de retenir 3 à 5% par an pour des activités classiques et jusqu'à 10% pour les nouvelles technologies.

Lorsque les taux d'intérêts à long terme des placements sans risque (obligations d'Etat en particulier) sont autour de 5-6 % par an, un investisseur se sent ainsi en droit d'exiger un profit de 8 % à 15 % environ.

… / …

…/….

Malheureusement, lorsque les taux à long terme des obligations sont devenus très proches de zéro pendant une décennie, les exigences n'ont pas été revues à la baisse et les entreprises ont continué à viser les mêmes taux de profit au détriment de leurs propres investissements de long terme, en recherche et développement en particulier.

Dans un contexte de remontée des taux d'intérêts « sans risque » et où la transition écologique nécessite des investissements sans forte rentabilité strictement financière à court terme, il y a là une source de forte instabilité future.

L'avenir d'EdA reste donc quelque peu une énigme et sera, peut-être, une bombe à retardement.

>> Pour approfondir ces sujets importants, des développements complémentaires sont en annexe sous le titre ***« un bon tiens vaut mieux que deux tu l'auras »****.*

Le Magasin

La principale menace qui pèse sur le Magasin est l'absence de protection juridique contre l'arrivée d'un ou plusieurs concurrents à Aguad. La stratégie ne peut donc être que la recherche de qualité aussi bien dans les produits vendus que dans la gestion du magasin au quotidien.

Pour être sûr de la qualité de ses produits, la meilleure solution est de diversifier les sources d'approvisionnement. Evidemment la première chose à faire est de proposer à DNA de céder tout ou partie de sa production au magasin. Une production fraiche et locale sera toujours plus attirante que la revente des produits laissés par les caravaniers à la Commune pour payer en nature l'accès à l'eau du puits. Mais alors attention à la bonne fixation des prix de vente. Ceux-ci ne doivent pas être dissuasifs pour les clients mais il faut s'assurer qu'ils laissent une marge de distributeur suffisante au magasin tout en restant compatible des besoins de revenus de DNA. Les clients seront-ils prêts à payer plus pour des produits « bio » issus d'un « circuit court » ?

Du côté de la gestion du magasin, il faut aussi être très « professionnel » car les étals doivent être vraiment attrayants. D'un côté, rien n'est pire qu'un rayon vide mais de l'autre, les produits en trop risquent de se défraichir rapidement et seront une source de perte d'exploitation. Il faut aussi que les paiements en caisse se réalisent sans difficulté ni contestation. Donc attention au pesage, à l'étiquetage, ….

Le « marketing » s'installe à Aguad !

Bref, le monde des activités de service n'est pas non plus de tout repos mais la recherche de qualité dans l'exécution l'emporte le plus souvent sur la réflexion stratégique. A moins qu'il ne prenne l'idée à Souf, malgré l'avancée en âge, de créer un réseau de magasins dans toutes les palmeraies du désert !

La BDD (Banque pour le Développement du Désert)

Comme cela est apparu clairement, la banque n'a pas encore atteint sa taille optimale. Il s'agit tout d'abord de faire grossir le Produit Net Bancaire pour couvrir les frais de la structure et atteindre un minimum de profitabilité. Mais la croissance reste bridée par le niveau des fonds propres actuel qui est trop faible. En effet, les prêts portant intérêts ou les investissements en capital dans des entreprises ne peuvent pas être uniquement financés par les dépôts des clients de la Banque. Il y a un ratio entre fonds propres et dépôts à respecter pour maintenir la confiance. Il faut donc agir vite.

Dans ce contexte, le fait qu'une partie des fonds déposés par EdA puisse être transférée en fonds propres avec une prise de participation d'EdA dans le capital de la banque est un projet séduisant.

Du côté « banque d'affaires », la vraie réflexion porte sur l'estimation des nouveaux projets à financer à Aguad après la phase des pionniers. Ne faudra-t-il pas s'aventurer au-delà d'Aguad et ses alentours ?

La Commune

La Commune comme gardienne de la bonne gestion de l'eau

L'originalité de la Commune d'Aguad, c'est que sa création s'est justifiée autour d'un seul impératif : protéger la ressource vitale qu'est la production d'eau dans le désert.

Le contrôle de l'accès au puits et la perception d'un paiement largement réalisé « en nature » par les caravaniers correspondent à des activités opérationnelles d'entreprise classique.

Sauf que … la Commune représente l'ensemble des résidents et donc les exigences de la démocratie peuvent perturber les décisions à prendre, comme par exemple fixer le prix journalier d'accès au puits. On a également bien vu que, l'année 2, le déficit budgétaire est largement dû à l'effet initial du crédit de 6 mois donné au Magasin ainsi qu'à la nécessité de compléments de travaux d'infrastructure, autant de décisions nécessaires pour le développement d'Aguad.

Mais, avec la croissance, les recettes seront bientôt très supérieures aux dépenses. A court terme donc, les responsables de la Commune devront utiliser ces excédents pour répondre aux souhaits de la population. Mais ceux-ci sont souvent contradictoires et il faudra choisir entre :

- Accompagner la croissance de la ville en réalisant des travaux d'infrastructure complémentaires, en particulier pour maîtriser l'accès à la ressource vitale qu'est l'eau mais aussi l'évacuation des eaux usées.

- Faire prendre en charge par la Commune de nouveaux services d'intérêt général au bénéfice des seuls résidents.
- Baisser les tarifs, ce qui profitera à tous, résidents d'Aguad et caravanes mais ne permettra pas de se préparer aussi bien aux enjeux du futur.

Des choix décisifs donc, entre court terme et long terme, de quoi perturber la Gouvernance de la Commune et voir se développer les groupes de pression !

La Commune comme Institut d'émission monétaire

La Commune est aussi devenue par nécessité l'Institut d'émission de la monnaie indexée sur le sel, le MdA. Cette attribution emporte une lourde responsabilité de maintien de la confiance dans la monnaie dans un environnement où le troc reste très pratiqué et peut encore paraître plus sûr que des jetons tamponnés « Aguad ».

Pour maintenir l'indexation sur le prix du sel qui reste la base de cette confiance dans le désert, il faut donc veiller à ce que l'émission monétaire nette annuelle soit bien en ligne avec la croissance du PIB. En effet, s'il n'y a pas assez de monnaie en circulation, cela pourrait freiner la croissance et les investissements et s'il y en a trop, les prix risquent de grimper car l'offre ne suivra pas.

En année 2, on se souvient, l'émission monétaire nette a été de 447 MdA lorsque le PIB a crû de 1130 MdA (1330 MdA en année 2 moins 200 MdA en année 1). Grosso modo, la croissance monétaire a été deux fois moins rapide que celle du PIB. Un ralentissement bien souhaitable par rapport à la première année où l'émission monétaire a été de 10000 MdA pour un PIB de 200 MdA seulement !

Heureusement les riches fondateurs d'EdA ont thésaurisé leurs avoirs monétaires. Que ce serait-il passé si la fantaisie leur avait pris d'acheter tout ce qu'ils pouvaient s'offrir, à Aguad ou ailleurs ? La demande aurait été très supérieure à l'offre et, très probablement, les prix se seraient envolés.

Comme par ailleurs, dans la durée, la croissance du PIB fera croître les salaires distribués (la part des salaires dans la valeur ajoutée restant assez stable) et donc la demande, le risque ***d'inflation*** qui ronge le pouvoir d'achat des citoyens, est une menace majeure pour la jeune Commune.

L'inflation est un des domaines de l'économie qui a donné, et donne toujours, le plus libre cours à toutes sortes de théories et de propositions de remèdes. En effet, dans l'histoire économique, des périodes d'inflation forte, voire galopante (comme en Allemagne après la première guerre mondiale), ont alterné avec des périodes plus calmes, voire d'inflation négative (appelée déflation, comme en France dans les années 1930) sans que quiconque réussisse à maîtriser totalement la situation.

… / …

… / …

Factuellement, l'inflation est une hausse globale des prix et pas seulement de quelques produits et services.

Si les revenus des individus ne progressent pas dans la même proportion, ces derniers subissent une perte de pouvoir d'achat. En revanche, durant les périodes où l'évolution des salaires était sous une forme ou sous une autre « indexée » sur le taux d'inflation à la consommation grâce au pouvoir de négociation des salariés vis-à-vis des employeurs (en France après les événements de mai 1968 et jusqu'au milieu des années 1980), les entreprises répercutaient ces hausses de coûts dans leurs prix de vente et la mécanique inflationniste par les coûts s'auto-alimentait à des niveaux élevés (plus de 10% par an).

La théorie « keynésienne », du nom de John Maynard Keynes, considère qu'une certaine inflation peut être vertueuse car elle accélère la croissance de l'économie.

Ce fut vrai en particulier dans la période de reconstruction après la deuxième guerre mondiale mais dans les années 1970 est apparue la « stagflation », c'est-à-dire l'inflation sans croissance de l'économie.

La théorie « monétariste », initiée par Milton Friedman, prix Nobel d'économie, et qui a inspiré la politique économique du Président Reagan aux USA et de la Première Ministre Margareth Thatcher au Royaume Uni durant les années 1980 situe quant à elle

… / …

… / …

la source de l'inflation dans l'excédent de masse monétaire en circulation par rapport à la « vraie valeur » des richesses produites. Cette masse monétaire est constituée non seulement des liquidités en circulation, des dépôts sur livrets mais aussi et surtout des crédits octroyés par les établissements financiers. Bien gérer le volume des crédits proposés par les banques en jouant sur les taux d'intérêt devient donc la base de la régulation de l'inflation. Aujourd'hui les banques centrales, la FED aux USA et la BCE en Europe, ont reçu ce mandat qui situe à environ 2% le taux d'inflation à ne pas dépasser.

C'est ainsi qu'avec de fortes hausses des taux d'intérêts et la « désindexation » généralisée des salaires sur les prix d'un côté, mais aussi par l'effet de la recherche de moindres coûts conduisant à la mondialisation rapide de l'économie, l'inflation sur les prix à la consommation est redevenue beaucoup plus faible dès le milieu des années 1980.

Jusqu'à la guerre en Ukraine en 2022, le risque d'un retour de l'inflation n'était plus une préoccupation prioritaire en raison de la compétition mondiale et de la crainte du chômage de masse.

… / …

... / ...

En conséquence et à rebours de la théorie monétariste, pour « booster » l'économie et combattre le chômage dans un contexte où le risque d'inflation « structurelle » sur les prix à la consommation semblait ne plus exister et où les états se sont lourdement endettés pour soutenir les besoins sociaux, des taux d'intérêts faibles voir nuls ou même négatifs sont apparus. L'excédent de masse monétaire créé par ces taux faibles ne pouvant plus conduire à des hausses de prix des produits et services dans des économies ouvertes, il se déplace vers les achats d'actifs (immobilier, actions, ...). Ce sont ces derniers qui présentent le risque de « bulles » financières qui éclatent périodiquement.

C'est ainsi qu'en 2000 les actions des entreprises internet qui avaient atteint des prix phénoménaux sans lien avec leur performance réelle ont fortement chuté.

C'est aussi le cas de la crise des « sub-primes » en 2008 lorsque des ménages aux revenus modestes aux USA n'ont plus pu payer les échéances de leurs prêts immobiliers (obtenus sur l'idée que la valeur de leur maison allait continuer à augmenter). Ceci a conduit à des faillites retentissantes de banques et à une crise financière généralisée.

Cette dernière a révélé l'incroyable complexité et opacité de cette économie purement financière sur des

... / ...

…/…

marchés où se négocient des titres dont on perd la compréhension du contenu et où les volumes négociés sont très supérieurs à la « juste valeur » de l'économie réelle. Quelques mesures ont été prises depuis pour limiter les prises de risque des banques.

Des taux d'intérêts les plus bas possibles sont devenus vitaux pour la solvabilité des Etats lourdement endettés (surtout depuis la crise sanitaire récente) et pour le dynamisme de l'économie, avec des risques toujours plus grands de crise financière.

Les secousses récentes du système mondialisé d'approvisionnement en énergie et autres biens essentiels avec la fin de la pandémie et la guerre en Ukraine ont fait démarrer un nouveau cycle inflationniste.

Pour tenter de le juguler, la FED et la BCE ont stoppé leur politique dite « non conventionnelle » de rachat de dettes souveraines et augmenté fortement les taux d'intérêts d'intervention.

L'inflation et ses conséquences, sujets un peu trop vite oubliés, n'ont pas fini de se rappeler à nous !

Compte tenu des montants de liquidités détenus par EdA, les atermoiements des associés entre investissement et rente sont en réalité une affaire politique de première importance pour la ville.

En conséquence, comme par ailleurs EdA a la concession de maintenance du puits, l'urgence pour la Commune en tant qu'Institut d'émission monétaire est de se défaire au maximum des adhérences entre relations contractuelles, décisions de politique « macro-économique » et stabilité monétaire. Dans ce but, tout conseiller avisé poussera à la séparation de la gouvernance de l'Institut d'émission de la monnaie de celle des autres activités de la Commune.

QUELQUES CONCLUSIONS .....

L'Economie naît à partir du moment où plusieurs personnes comprennent qu'elles sont plus efficaces ensemble que séparément, ou en se confrontant entre elles. Une certaine spécialisation des activités permet les premiers gains de productivité. Cette spécialisation conduit à la nécessité d'échanger des biens et services et de donner une valeur relative entre eux sur des marchés plus ou moins bien structurés. Mais l'économie ne naît pas toute seule, elle se développe grâce à des entrepreneurs, dirigeants, élus ou simples citoyens qui travaillent, décident et prennent des risques pour créer de nouvelles richesses. Si le cercle reste vertueux, ces dernières alimenteront en capital de nouvelles entreprises, normalement au bénéfice du plus grand nombre.

Car qui aurait pu croire que de l'exploitation intelligente de l'eau souterraine dans le désert naîtrait une véritable ville ?

Mais on comprend aussi que, pour que les choses ne dégénèrent pas même dans l'environnement très simple de notre histoire, le développement s'accompagne de la mise en place de règles de droit. En particulier, les règles de la propriété et de la formation des contrats de travail doivent être acceptées. Et des instances indépendantes doivent être créées pour pourvoir protéger l'intérêt général, à commencer par la confiance dans la monnaie, malgré la pression des intérêts particuliers.

L'Economie est donc toujours très « Politique ».

On voit aujourd'hui que l'Economie a oublié la planète parce que ses ressources et son équilibre ne sont pas toujours quantifiables. Or, ce qui ne peut être valorisé a tendance à être considéré comme gratuit. Nous nous sommes donc développés en prédateurs plus soucieux, selon la formule, de la fin du mois que de la fin du monde. Ce qui était une simple « externalité négative » (selon l'expression pudique des économistes) lorsque nous étions 1 milliard d'êtres humains vers 1800, et 2 milliards seulement il y a un siècle, devient l'essentiel lorsque nous sommes aujourd'hui 8 milliards. Et plus encore lorsqu'une part plus grande de la population mondiale bénéficie, ce qui est justice, du développement de l'Economie.

Si le développement se heurte aux limites de la « Physique », celle-ci aura le dernier mot !

A défaut de pouvoir intégrer dans la comptabilité elle-même tous ces enjeux (les émissions de gaz à effet de serre bien sûr mais pas seulement), de nouveaux indicateurs Environnementaux, Sociaux et de Gouvernance (ESG) complètent de plus en plus l'analyse économique et pèsent dans les décisions pour que le développement soit réellement durable. L'Union Européenne introduit progressivement une normalisation de l'évaluation de ces indicateurs (European Sustainability Reporting Standards ou ESRS) qui deviennent obligatoires pour les grandes entreprises.

Souhaitons que toutes ces initiatives conduisent à une véritable évolution en profondeur du monde économique et financier.

ANNEXE

« Un bon tiens vaut mieux que deux tu l'auras » .... Vraiment ?

Comment se déterminer entre un présent certain et un futur risqué ? Y a-t-il une relation entre la valeur que j'attribue à ce que je possède et que je peux laisser sans risque « à la caisse d'épargne » et la valeur future d'un investissement, comportant nécessairement un élément de risque ?

Pour tenter d'approcher cette question philosophique de façon pragmatique, un petit détour s'impose.

Certains phénomènes ont une évolution exponentielle dont tout le monde comprend facilement le principe. Pourtant personne ne visualise aisément l'ampleur de l'écart créé par rapport à une évolution linéaire. Un bon exemple en est fourni par le calcul des intérêts composés sur des fonds placés.

Le tableau ci-après montre que, tant que l'on reste avec des taux d'intérêts faibles, au bout de 10 ans, la différence entre ***intérêts simples*** (les intérêts dus chaque année s'appliquent au capital initial seul et le cumul des intérêts se fait donc linéairement en fonction du nombre d'années) et ***intérêts composés*** annuellement (les intérêts dus chaque année s'appliquent au capital initial augmenté des intérêts des années antérieures) reste aussi assez faible. En revanche, avec un taux de 15% (qui a existé dans les années 1970 !), au bout de 10 ans, c'est du simple au double.

Taux annuel	Année 0	1	2	.../...	8	9	10	Sur 10 ans Composés	Rappel linéaires
2%	100	102	104		117	120	122	**22%**	**20%**
5%	100	105	110		148	155	163	**63%**	**50%**
10%	100	110	121		214	236	259	**159%**	**100%**
15%	100	115	132		306	352	405	**305%**	**150%**

Sans entrer dans de douloureux calculs de banquier, il faut retenir que lorsqu'un taux d'intérêt est affiché, il faut aussi comprendre le mode de calcul retenu. Car si on en reste à penser qu'avec un taux annuel de 5% on payera 50% d'intérêts au bout de 10 ans, on risque de tomber de haut !

Si maintenant on me dit « je te donne 100 dans 10 ans, combien est-ce que cela fait aujourd'hui ? », on comprend facilement que selon que les taux d'intérêts sur des fonds placés sont de 2% ou de 15%, la « ***Valeur Actuelle*** » des 100 promis n'est pas la même. Et, là aussi, on a toujours tendance à minimiser la différence comme le montre le tableau ci-dessous. Avec un taux « d'actualisation » de 15% « composé » annuellement, 100 dans 10 ans, ce n'est que 25 aujourd'hui !

Taux	Année 0	1	2	.../...	8	9	10	**Sur 10 ans**
2%	82	84	85		96	98	100	**-18%**
5%	61	64	68		91	95	100	**-39%**
10%	39	42	47		83	91	100	**-61%**
15%	25	28	33		76	87	100	**-75%**

Des taux d'intérêts faibles, voire très faibles, correspondent à des placements sans risques. C'est ainsi que, sauf cas particulier, les taux des marchés financiers sur des prêts à long terme sont plus élevés que ceux à court terme, car l'incertitude du futur constitue un risque en lui-même.

Dès qu'un investissement comporte des risques propres au projet, il est nécessaire que le taux de profit attendu de l'opération soit très supérieur au taux sans risque du marché. Cela conduit l'investisseur à évaluer le niveau de risque acceptable et en déduire la « prime de risque » à ajouter au taux d'intérêt « sans risque » puis, si possible, à vérifier si le business plan de l'investissement envisagé satisfait ou non le critère.

Des traités savants présentent des modèles supposés rationnels pour évaluer le pourcentage à ajouter à la référence des taux sans risque du marché sur des placements à long terme en fonction du type d'investissement bien sûr, mais aussi du secteur économique, ... Quelle que soit la méthode, le taux d'actualisation à retenir vis-à-vis des profits futurs à risque est au minimum de 3 à 5% au-delà des taux sans risque. Et parfois encore bien plus, par exemple pour des nouvelles technologies qui n'ont pas encore fait leurs preuves.

Donc plus c'est risqué, moins 100 dans 10 ans vaut cher aujourd'hui et, de même, 100 dans 5 ans vaut plus que 100 dans 10 ans (car le taux de risque retenu s'applique chaque année, comme des intérêts composés).

Au plan pratique, pour vérifier qu'un business plan est acceptable, il convient donc d'actualiser les flux de trésorerie (cash-flows) futurs, année après année, avec le taux retenu et de vérifier que leur somme, au fil du temps, est positive et supérieure à l'investissement à réaliser.

Oui mais, « au fil du temps », c'est jusqu'à quand ?

S'il s'agit d'un projet dont la durée de vie est clairement définie, c'est bien sûr jusqu'à son achèvement et l'on calcule un ***Taux de Rentabilité Interne (TRI)*** qui est le taux d'actualisation qui permet d'équilibrer le montant investi et les flux financiers qu'il génère dans le business plan. Ce TRI permet de mettre sur le même plan le futur et le présent et il ne reste plus qu'à décider si ce taux paraît suffisamment élevé pour préférer « le futur au présent ».

C'est assez simple grâce à une formule « excel » standard comme le montre l'exemple suivant :

Exemple de calcul d'un Taux de Rentabilité Interne (TRI)

Année	1	2	3	4	5	TOTAL
Investissement	-600	-400				-1000
Flux de trésorerie généré		100	400	500	200	1200
Flux de trésorerie net (A)	**-600**	**-300**	**400**	**500**	**200**	**200**
	TRI	**8,5%**				
(A) actualisé sur la base du TRI	**-600**	**-277**	**340**	**392**	**145**	**0**

Ainsi, alors que l'investissement de 1000 va générer un surplus de 200 soit 20%, l'impact de l'actualisation des flux de trésorerie conduit à un TRI de 8,5 % « seulement ». Cela est dû au fait que les flux positifs n'interviennent que dans les années les plus lointaines alors que l'investissement est forcément réalisé au début. Reste alors à décider si 8,5 % est un TRI suffisamment attractif pour se lancer dans le projet malgré les risques.

Mais si l'activité faisant l'objet du projet n'a pas de limite temporelle (comme la palmeraie d'Aguad par exemple) comment faire ?

Comme il n'est pas réaliste d'étendre les calculs du business plan au-delà des quelques premières années pour lesquelles on a une certaine visibilité, après avoir actualisé les flux de trésorerie générés pendant les années « modélisées » en détails dans le business plan (comme si le projet s'arrêtait là), il convient d'ajouter une estimation de la « juste valeur » actualisée de l'activité qui se poursuivra au-delà.

Cette « juste valeur » serait simple à trouver si on pouvait fixer par exemple une valeur de revente par référence à des prix de marché (une sorte de valeur « d'occasion » du projet dans quelques années), mais ce n'est en général pas le cas.

Pour avancer, on estime donc la ***Valeur Terminale*** en supposant que la capacité à générer du flux de trésorerie (cash-flow) annuellement est stabilisée à cette date. Il est alors possible de calculer un ***flux de trésorerie (cash-flow) actualisé « à l'infini »*** (c'est à dire en supposant que l'exploitation continue éternellement mais avec un cash-flow de plus en plus « rogné » par l'effet de l'actualisation).

Ce cash-flow récurrent stabilisé doit aussi tenir compte de l'estimation du taux de croissance tendanciel à long terme de l'activité. Ce dernier taux reste nécessairement assez proche des espoirs de croissance de l'ensemble du secteur d'activité concerné.

Sur la base des hypothèses de taux d'actualisation et de croissance tendancielle, la Valeur Terminale est calculée avec la formule suivante :

Valeur Terminale = Cash-Flow terminal (a) actualisé / (Taux d'actualisation – Taux de croissance tendanciel)

(a) Le flux de trésorerie (cash-flow) terminal est lui-même obtenu en prenant le montant du flux de trésorerie (cash-flow) de la dernière année modélisée dans le business plan augmenté du taux de croissance annuel tendanciel.

A la différence du TRI qui est le résultat « objectif » d'un calcul, le taux d'actualisation et la croissance tendancielle retenus pour le calcul de la valeur terminale sont des données d'entrée forcément « subjectives ».

Cette fameuse méthode des ***Flux de trésorerie actualisés*** (plus connue comme ***Discounted Cash-Flow (DCF)*** en anglais) est évidemment assez abstraite et fait vivre pas mal de jeunes gens issus des Ecoles de Commerce un peu partout dans le monde !

Son succès tient au fait que, dès lors qu'un business plan crédible a été établi, il est possible de vérifier si, sur la base d'un taux d'actualisation acceptable compte tenu des risques, la valeur globale de l'activité ou de l'entreprise dans laquelle on veut investir ainsi calculée est bien au moins égale au montant à investir.

Regardons ce qu'il en est pour la palmeraie d'Aguad (DNA) :

VALORISATION DE DNA
(Valeur actuelle du Business Plan plus Valeur Terminale)

Année	1	2	3	4	5	6	7	8
En MdA								
Rappel: Flux de trésorerie (cash-flow) du Business Plan (BP)								
Annuel	-548	-872	-78	-25	103	145	141	
Cumulé	-548	-1 420	-1 498	-1 523	-1 420	-1 275	**-1 134**	

Valorisation sur la base d'un taux d'actualisation de 6%

Cash-flow du Business Plan actualisé (en année 2)	-548	-823	-70	-21	82	108	99
Cumul années du Business Plan:							**-1172**
							+
Cash-flow annuel pour calcul de la valeur "terminale" (*)							**101**
Valeur terminale :							**2537**
							=
Valeur totale :							**1365**

(*) sur la base d'un taux de croissance tendanciel de : 2%

Valorisation sur la base d'un taux d'actualisation de 9%

Cash-flow du Business Plan actualisé (en année 2)	-548	-800	-66	-19	73	94	84
Cumul années du Business Plan:							**-1182**
							+
Cash-flow annuel pour calcul de la valeur "terminale" (*)							**86**
Valeur terminale :							**1226**
							=
Valeur totale :							**44**

(*) sur la base d'un taux de croissance tendanciel de : 2%

Le flux de trésorerie (cash-flow) opérationnel attendu de la palmeraie a déjà été présenté en détails. On se souvient que le cumul restait négatif de plus de 1000 MdA à la fin de l'année 8 mais que cela était acceptable car les cash-flows annuels devenaient nettement positifs à partir de l'année 6, ce qui pour une exploitation d'arbres de long terme était raisonnable. La Banque pour le Développement du Désert (BDD) avait donc accepté de financer une partie du besoin de cash initial (500 MdA) avec un prêt à 6% l'an et les intérêts du prêt sont déjà comptés en diminution du flux de trésorerie (cash-flow) opérationnel.

Souf doit, lui, investir 1200 MdA dans le capital et il souhaiterait que cela lui rapporte à lui aussi 6% l'an. Avec la méthode du DCF, c'est bien le cas, car le calcul ressort à 1365 MdA soit plus de 10 % (165 MdA) au-delà du seuil de 1200 MdA requis.

Mais tout repose sur la valeur terminale qui compte pour +2537 MdA dans ce calcul. Si, par malheur, le prix des dattes à partir de l'année 9 par exemple baisse fortement, il a un gros risque de ne pas rentrer dans ses fonds. Si on estime à 3% ce risque complémentaire, avec un taux d'actualisation de 9%, la valeur terminale est divisée par 2 à 1226 MdA seulement et le projet n'est plus du tout rentable (DCF de 44 MdA face à un investissement de 1200 MdA). Cette incertitude sur le futur lointain pèse donc très lourd dans balance.

Contrairement à la banque qui n'a prêté que sur 10 ans, Souf doit se déterminer sur un apport en capital qu'il ne reverra peut-être jamais. Même si le calcul fondé sur un taux d'actualisation de 9% ne suggère pas d'investir dans DNA, Souf n'est pas un homme craintif, il reste prêt à le faire. DNA, qui sait, fera peut-être au contraire bien mieux que prévu !

Regardons maintenant comment se présente EdA dont l'activité est profitable dès à présent, contrairement à celle de DNA.

Comme EdA vit d'un seul contrat, avec peu de croissance à attendre dans le périmètre d'Aguad seul, y compris dans le domaine des travaux neufs qui, après une grosse année 2, ne recommenceront probablement qu'en année 4 sur la base de 100 MdA par an.

Les résultats futurs seront donc probablement de près de 20% du chiffre d'affaires, ce qui est très élevé et correspond bien au profil « rentier » de l'activité comme le montre la synthèse ci-après.

Le flux de trésorerie de l'année 2, qui sert de référence pour l'actualisation, est très supérieur au résultat de l'année car celui-ci inclut une provision pour risque de 150 MdA (qui n'a pas donc d'impact en trésorerie) et, par ailleurs, le crédit de 200 MdA octroyé au Magasin en année 1 a été remboursé.

En revanche, à partir de l'année 3, le flux de trésorerie devrait s'aligner sur la tendance du résultat comptable car l'activité principale de maintenance du puits devrait se réaliser sans décalages notables de trésorerie.

VALORISATION DE EDA

(Valeur actuelle du Business Plan *(1)* plus Valeur Terminale)

(1) hors revenus financiers

Années	1	2	3	4	5	6	7	8
En MdA								
Ch. d'Affaires		**850**	**450**	**560**	**570**	**580**	**580**	**580**
Rés. exploitation		40	83	96	105	113	113	113
Rés. fin. & impôt								
Résultat Net		**40**	**83**	**96**	**105**	**113**	**113**	**113**
% CA		*5%*	*18%*	*17%*	*18%*	*19%*	*19%*	*19%*
Amorts / Prov.		150						
Variation du BFR		200						
Flux de trésorerie (cash-flow) du Business Plan (BP)								
Annuel		390	83	96	105	113	113	113
Cumulé		390	473	569	673	786	899	**1 012**

Valorisation sur la base d'un taux d'actualisation de 3%

Cash-flow du Business Plan actualisé (en année 2)

390	80	90	96	100	97	95

Cumul années du Business Plan: 949

+

Cash-flow annuel pour calcul de la valeur "terminale" (*) **95**

Valeur terminale : 3155

=

(*) sur la base d'un taux de croissance tendanciel de : 0%

Valeur totale : 4103

Valorisation sur la base d'un taux d'actualisation de 6%

Cash-flow du Business Plan actualisé (en année 2)

390	78	85	88	90	84	80

Cumul années du Business Plan: 895

+

Cash-flow annuel pour calcul de la valeur "terminale" (*) **80**

Valeur terminale : 1328

=

(*) sur la base d'un taux de croissance tendanciel de : 0%

Valeur totale : 2222

Il apparaît qu'avec un taux d'actualisation de 3%, c'est-à-dire avec un niveau de risque assez faible, et malgré un taux de croissance tendanciel nul, le flux de trésorerie (cash-flow) actualisé cumulé de l'exploitation d'EdA (qui exclut donc les intérêts reçus sur le placement des 7000 MdA à la Banque) est très élevé à 4103 MdA.
A la fin de l'année 1, les propriétaires d'EdA qui avaient investi à l'origine 12000 MdA sont à la tête de fonds propres réduits à 9200 MdA après cession du puits à la Commune et prise en compte du résultat de l'année. En excluant les 7000 MdA placés en banque à la suite de la revente du puits à la Commune et dont les revenus financiers fixes n'ont pas à être pris en considération dans les calculs, seulement 2200 MdA sont donc, au début de l'année 2, investis dans l'activité actuelle d'EdA, redéfinie avec la Commune. La valeur du DCF avec un taux d'actualisation de 3% seulement est donc très supérieure aux capitaux investis de 2200 MdA.

En revanche, si l'on augmente le taux d'actualisation de 3% à 6% par exemple pour prendre en compte par exemple le risque d'un diktat de la Commune pour baisser drastiquement du jour au lendemain le prix du contrat de concession, le retour sur investissement paraît beaucoup moins bien garanti à 2222 MdA, soit le montant investi mais guère plus. En effet, la valeur actualisée cumulée jusqu'à l'année 8 est peu affectée mais l'estimation de la valeur terminale est considérablement réduite.

On le voit, la méthode des flux de trésorerie actualisée est donc très puissante pour mettre en évidence les facteurs fondamentaux qui détermineront la décision d'investir ou non.

Aux deux extrémités du spectre des cas possibles, les profils à risque doivent pouvoir être acceptables même en prenant des hypothèses de taux d'actualisation élevés et les profils de « rente » ne le sont qu'avec l'assurance que cette dernière a de bonnes chances de rester pérenne.

TABLE DES MATIERES

Revue « Marché et Organisations »

Promouvoir la recherche originale sur les relations de plus en plus étroites entre le marché et les organisations. Les acteurs économiques de taille, de puissance et de pouvoir différents dont les intérêts peuvent être convergents, complémentaires ou, le plus souvent, antagoniques, ont tendance à organiser les marchés. La raison du marché, pourtant, est la référence stratégique pour l'entreprise ainsi que pour les institutions publiques de décision économique.

N°6 : Entrepreneuriat et accompagnement. Outils, actions et paradigmes nouveaux, 2008
N°7 : Développement durable des territoires. Economie sociale, environnement et innovations, 2008
N°8 : Développement durable et responsabilité sociale des acteurs, 2009
N°9 : Gouvernance : exercices de pouvoir, 2009
N°10 : Le travail collaboratif. Une innovation générique, 2009
N°11 : Economie sociale et solidaire. Nouvelles trajectoires d'innovations, 2010
N°12 : Relations à la marque et marques de la relation. Regards croisés sur le management relationnel de la marque, 2010
N°13 : Les contrats au service de la recherche ?, 2011
N°14 : Le potentiel économique de l'Afrique subsaharienne, 2011
N°15 : Management de la distribution, 2012
N°16 : Territoire Vert. Entreprises, Institutions, Innovations, 2012
N°17 : Eco-conception, conception et innovation. Les nouveaux défis de l'entreprise, 2013
N°18 : Intelligence économique : entreprises et territoires, 2013
N°19 : La finance globale. Un monde fini, 2013
N°20 : La crise du « développement », 2014
N°21 : La Chine innove. Politiques publiques et stratégies d'entreprise, 2014
N°22 : Go East! Nouvelles Economies de Marché, 2015
N°23 : L'économie du changement, 2015
N°24 : Le temps des artisans. Permanences et mutations, 2015
N°25 : Innovations de proximité et esprit d'entreprise, 2016
N°26 : L'avenir des économies du Maghreb : entre inertie structurelle et envie de rupture, 2016/3 (n° 27)
N°27 : Le sport aux frontières du marché du travail, 2016
N°28 : Dynamiques internationales des entreprises, 2017
N°29 : L'univers du risque, 2017
N°30 : Les petites entreprises dans l'histoire industrielle, 2017
N°31 : Economie sociale et *social business* ? Au défi d'entreprendre et se financer, 2018
N°32 : Éducation et fertilisation des économies africaines, 2018
N°33 : L'entrepreneuriat innovant dans les pays du Maghreb, 2018
N°34 : L'entrepreneuriat scientifique : institutions et innovation, 2019
N°35 : Le champ économique de la culture, 2019
N°36 : Economie sociale et solidaire ? Modèles d'innovation et modes de gouvernance, 2019
N°37 : Rethinking Luxury Business, 2020
N°38 : La santé connectée. Nouvelles technologies et réorganisation des soins, 2020
N°39 : Options stratégiques et systèmes complexes d'innovation, 2020
N°40 : Les services : intégration des systèmes productifs et lien social, 2021
N°41 : Crise pandémique, crise globale. Réalité et controverses théoriques, 2021
N°42 : La crise de la covid-19. Le marché et les organisations en perspective, 2021
N°43 : (Re)faire système. *Bug & reset*, 2022
N°44 : Aléas du marché et management du risque, 2022
N°45 : Le renouveau du transport et de la logistique : les systèmes d'information, 2022
N°46 : Entrepreneuriat et innovation dans l'enseignement supérieur, 2023
N°47 : Le tourisme créatif. Culture, créativité, patrimoine, management, 2023
N°48 : L'Afrique : questions de performances, 2023
N°49 : *Fintech* en sciences du management, 2024

https://www.cairn.info/revue-marche-et-organisations.htm

Collection « L'esprit économique »

fondée par Sophie Boutillier et Dimitri Uzunidis en 1996

Dernières parutions

► ***Série Economie et Innovation***

T. MICHAUD, *Le projet spatial européen, entre pragmatisme et imagination*, 2020.
J.-P. SCHMITT, N. RAVIDAT, *Management conjoint de la technologie et de la personne. Pour performer et croitre*, 2020.
Y. EL YAHYAOUI, *Economie des plateformes numériques. Captation de la valeur, pouvoir de marché et communs collaboratifs*, 2021.
G. DUTHIL, *Handicap et insertion professionnelle*, 2022.
T. MICHAUD, *La science-fiction institutionnelle*, 2023.

► ***Série Le Monde en Questions***

J. PIERRE-JUSTIN VIRAPATIRIN, *La petite économie insulaire de la Guadeloupe. Bilan, enjeux et perspectives*, 2022.
K. ESSAF, *Les Sukuk : aspects théoriques, rendement et risques*, 2022.
C. GALLOUJ, S. GALLOUJ, *Grande distribution non alimentaire au Maroc. GSS, grands magasins, malls, franchises et e-commerce*, 2023.
C. SARI, *Valeur relative de la monnaie et taux de change. Vers la fin de l'étalon dollar ?*, 2023.
G. DUTHIL, N. POLINI, *La Défense nationale*, 2023.
A. DAGHER, *La crise financière du Liban : taux de change, FMI, politique monétaire*, 2023.
G. BAYOH, *Ecosystème des transferts internationaux d'argent et développement durable : Contraintes et solutions*, 2024.

► ***Série Krisis***

R. DELORME, *La complexité autrement. Une réponse nouvelle à la pandémie et à d'autres phénomènes sociaux complexes*, 2022.
V. YEFIMOV, *L'ordre social monétaire. L'économie discursive défit le courant dominant et l'économie narrative*, 2022.
M. WIELEZYNSKI, *La loi du marché post-esclavagiste. Une approche critique*, 2023.
G. MINART, *Condorcet économiste : un libéralisme économique au service du bien public*, 2023.
A. MANRAY, *Petit traité de gouvernance à l'usage des despotes éclairés*, 2024.

► ***Série Clichés***

S. BOUTILLIER, D. UZUNIDIS (dir.), *La Russie européenne. Du passé composé au futur antérieur*, 2008.
R. VOLPI, *La négociation. Pain, paix, liberté*, 2009.
B. S. BONBON, *Géométrie parabolique tridimensionnelle ou perspective parabolique*, 2023.

► ***Série Cours Principaux***

B. LANDAIS, *Macroéconomie efficace. Croissance et crises*, 2020.
A. MBULI LANDU, *Le memo d'un comptable. Approche par le SYSCOHADA révisé*, 2021.
M. EL KARRIM, *Introduction à l'économétrie appliquée*, 2022.
Z. FIRANO, *Fondements de la finance de marché. Théories et applications*, 2022.
Y. KEHO, *Introduction à l'économétrie appliquée sous EVIEWS, Rappels de cours et illustrations pratiques*, 2023.
K. AMZILE, *Intelligence artificielle et modélisation du risque de crédit*, 2023.
B. LANDAIS, *Macroéconomie. Les fondamentaux*, 2024.

► ***Série L'économie formelle***

E. CARREY, H. LANDIER, *Après la guerre contre la Covid : de l'économie financière a l'entrepreneuriat social*, 2021.
J. LATREILLE, *Sale temps pour l'économie marchande*, 2021.
J. LATREILLE, *Escronomistes ! Ces théories qui abîment le monde*, 2022.
M. FOUQUIN, *Dettes publiques à long terme et souveraineté nationale : enseignements des crises du XIIe au XXIe siècle*, 2023.
J.-P. ROSELLO, *Marchés financiers, capital financier et crises systémiques*, 2024.

Structures éditoriales du groupe L'Harmattan

L'Harmattan Italie
Via degli Artisti, 15
10124 Torino
harmattan.italia@gmail.com

L'Harmattan Hongrie
Kossuth l. u. 14-16.
1053 Budapest
harmattan@harmattan.hu

L'Harmattan Sénégal
10 VDN en face Mermoz
BP 45034 Dakar-Fann
senharmattan@gmail.com

L'Harmattan Cameroun
TSINGA/FECAFOOT
BP 11486 Yaoundé
inkoukam@gmail.com

L'Harmattan Burkina Faso
Achille Somé – tengnule@hotmail.fr

L'Harmattan Guinée
Almamya, rue KA 028 OKB Agency
BP 3470 Conakry
harmattanguinee@yahoo.fr

L'Harmattan RDC
185, avenue Nyangwe
Commune de Lingwala – Kinshasa
matangilamusadila@yahoo.fr

L'Harmattan Congo
219, avenue Nelson Mandela
BP 2874 Brazzaville
harmattan.congo@yahoo.fr

L'Harmattan Mali
ACI 2000 - Immeuble Mgr Jean Marie Cisse
Bureau 10
BP 145 Bamako-Mali
mali@harmattan.fr

L'Harmattan Togo
Djidjole – Lomé
Maison Amela
face EPP BATOME
ddamela@aol.com

L'Harmattan Côte d'Ivoire
Résidence Karl – Cité des Arts
Abidjan-Cocody
03 BP 1588 Abidjan
espace_harmattan.ci@hotmail.fr

Nos librairies en France

Librairie internationale
16, rue des Écoles
75005 Paris
librairie.internationale@harmattan.fr
01 40 46 79 11
www.librairieharmattan.com

Librairie des savoirs
21, rue des Écoles
75005 Paris
librairie.sh@harmattan.fr
01 46 34 13 71
www.librairieharmattansh.com

Librairie Le Lucernaire
53, rue Notre-Dame-des-Champs
75006 Paris
librairie@lucernaire.fr
01 42 22 67 13

www.ingramcontent.com/pod-product-compliance
Lightning Source LLC
LaVergne TN
LVHW021230061026
849535LV00008B/2999
* 9 7 8 2 3 3 6 4 5 6 5 7 7 *